Trost

Hanna Engelmeier

Trost

Vier Übungen

Matthes & Seitz Berlin

Für Tante Hety

Inhalt

Keine große Sache

Der Leutnant Franz Xaver Kappus hat schon seit einiger Zeit Kummer, unter anderem, weil er lieber ein Dichter wäre. Seit 1902 steht er deshalb in Kontakt mit dem zu diesem Zeitpunkt schon für seine gefühlvolle Dichtung berühmten Rainer Maria Rilke, dem er sein Herz ausschüttet: »Ich habe oft diese stillen Stunden, die ungerufen kommen und sich nach der Sonne sehnen, die ihnen so fern ist. Und dann, nach solchen Nächten stehe ich müd und hoffnungslos vor der letzten Consequenz meines Denkens: Wer bin ich? Woher? Wohin? Und dann entstehen Worte, halb unfreiwillig, wie Erlösungen. Ist das Notwendigkeit?«[1]

Zu Beginn des Briefwechsels ist Kappus knapp zwanzig Jahre alt, unglücklich verliebt ist er auch. Außerdem schämt er sich, weil er sich als »Knabe mit den unsinnigsten Träumen, Sehnsüchten und Regungen, [...] mit der ganzen Kraft meiner 13 Jahre dem gleichaltrigen Freunde hinwarf und ihn liebte und küßte, wie kaum nachher ein Mädchen«.[2] Neuerdings quält ihn sein unerfülltes Begehren nach einer Opernsängerin: »Sie spuckt in meinen Träumen und beengt mich wie ein zu enges Kleid. Sie steigt mir des Abends in die Schläfen und färbt alle Dinge blutig rot.«[3] Vor allem aber möchte er dichten, vielleicht sogar über sein Begehren, und so schickt er Rilke mit der Bitte um Beurteilung auch eigene Verse. Dass diese Briefe sein Hauptwerk sein könnten, glaubt er zu dieser Zeit nicht.

»Do you know what that is, sweat pea? To be humble?« Cheryl Strayed richtet knapp hundert Jahre später eine rhetorische Frage an die junge Autorin Elissa Bassist, die ebenfalls schon seit einiger Zeit Kummer hat, weil sie es nicht schafft, das Buch zu schreiben, das sie ihrer Meinung nach schreiben sollte. Genau genommen schafft sie es überhaupt nicht, ein Buch zu schreiben. Sie schämt und quält sich, sie ist gekränkt von ihren Hemmungen. »The word [humble] comes from the Latin words *humilis* and *humus*. To be *down low*. To be of the earth. To be on the ground. That's where I went when I wrote the last word of my first book. Straight onto the cool tile floor to weep.«[4] Cheryl Strayed hat zu diesem Zeitpunkt nicht nur schon Bücher geschrieben, sondern diese auch veröffentlicht. Aber nicht primär als erfolgreiche Autorin antwortet sie Bassist, sondern als Wärterin des Kummerkastens der Webseite *The Rumpus*, auf der sie lange Zeit nur als »Sugar« und Autorin der Ratgeberkolumne »Dear Sugar« bekannt war.

Rilke zeigt sich gerührt von den Nöten des jungen Mannes und antwortet ihm mit mehr oder weniger langen Abständen, aber meist ausführlich von dem Ort aus, an dem er sich gerade befindet, Viareggio, Rom, Paris. Kappus sitzt derweil in unterschiedlichen Kasernen der k.-u.-k.-Monarchie. Am 4. November 1904 schreibt ihm Rilke aus Jonsered/Schweden. Immer wieder rät er Kappus zu mehr Gelassenheit, dazu, die Dinge geschehen zu lassen, sich nicht so aufzuregen: »Glauben Sie mir: das Leben hat recht, auf alle Fälle.« Er schreibt weiterhin noch etwas über den Zweifel, den man sich als dienliche, und nicht zermarternde Eigenschaft anerziehen solle, und schließt den Brief mit einem Hinweis auf den beigefügten Sonderdruck einer seiner eigenen Dichtungen, »die jetzt in der Prager ›Deutschen Arbeit‹ erschienen ist. Dort rede ich weiter zu Ihnen vom Leben und vom Tode und davon, daß beides groß und herrlich ist.«[5] Die Struktur des Austauschs zwischen Kappus und Rilke besteht in der immer wieder wiederholten Antwort auf eine immer wieder wiederholte Frage: Wie soll man leben, um ein guter Autor zu werden? Die Antwort lautet: lesen, schreiben, weiterschreiben. Rilkes Übersendung eines Textes aus eigener Hand ist eine recht freigiebige Geste. Zuvor hatte er in einem Brief vom 23. April 1903 aus Viareggio noch betont, sehr arm zu sein, sodass er Kappus keine seiner eigenen Bücher schicken könne. Er empfahl ihm aber, sie zu lesen, wie auch und insbesondere *Niels Lyhne* von Jens Peter Jacobsen.

Strayed empfiehlt Bassist keine Bücher, sie empfiehlt ihr nicht einmal zu lesen. Sie zitiert an einer Stelle Emily Dickinson (»if your Nerve deny you – / go above your Nerve«), um zu akzentuieren, worum es ihr in ihrer Antwort an eine junge Autorin in erster Linie geht: Durch Quengelei ist noch kein Text fertig geworden. Der demutsfördernde Boden, der irgendwo in dem englischen Wort »humble« noch angedeutet ist, ist vor allem jener, auf den Bassist aus den Höhen ihrer Selbstgeißelung zurückkehren soll, um endlich an die Arbeit zu gehen. »Writing is hard for every last one of us – straight white men included. Coal mining is harder. Do you think miners stand around all day talking about how hard it is to mine for coal? They do not. They simply dig.«[6] Es braucht keine Erfahrung im Bergbau, um dieses Bild zu begreifen, es reicht zu wissen, dass es Bergbau und Bergleute gibt, und vielleicht reicht es auch, ein Foto von den Ketten gesehen zu haben, an denen sie ihre Straßenkleidung aufhängen und unter die Decke ihrer Umkleide ziehen, kurz bevor sie in den Stollen einfahren. All das reicht, um ein Denkbild zu formulieren, das gut genug ist, um über zwei Dinge zu sinnieren: Tiefe und Arbeit. Damit ist ein Raum geschaffen, den sich Strayed und Bassist für eine Weile teilen können. Die Verräumlichung von Texten und Lektüren ist gut eingeübt, *close* und *distant reading* sind nur die bekanntesten Namen von Umgangsweisen mit Text, die darin bestehen, ganz und gar in die Literatur einzufahren oder sie sich aus größtmöglicher Ferne genauer anzuschauen.

Meine erste Ausgabe von Rilkes *Briefe an einen jungen Dichter* ist 7,5 mal 11,5 Zentimeter groß, und sie enthält nur die Briefe von Rilke.[7] Das Buch ist so klein, dass man es ab einer bestimmten Körpergröße nur schlecht in den Händen halten kann. Nimmt man es in nur eine Hand, muss man überlegen, wie man die Seiten des kleinen Taschenbuchs aufspannen möchte.

Der Diogenes Verlag meldete 1997 zu Rilkes 70. Todestag und mit dem Erlöschen des Urheberrechts an *Briefe an einen jungen Dichter* für diese Miniaturausgabe das Copyright an. Produziert wurde das Buch in einer Größe und zu einem Preis, die es zur idealen Quengelware an den Kassen von Buchhandlungen machte: Haribo Roulette für Menschen, die nur offiziell nicht Leseratten genannt werden möchten. Vielleicht hat sich aber auch jemand aus der Lizenzabteilung daran erinnert, dass ein anderes Buch Rilkes, *Die Weise von Liebe und Tod des Cornets Christoph Rilke*, im Ersten Weltkrieg ein gern gelesenes Buch unter deutschen Soldaten war. Der Vorteil auch dieser, bereits 1906 zuerst veröffentlichten Erzählung war es, recht kurz zu sein, ein zu Herzen gehender Text zum Mitnehmen.* Vor allem aber konnte sich

---

*Das schien nicht nur für Kriegszeiten angemessen. Das große Buch™ hatte auch danach immer wieder einmal einen schweren Stand: »Das aber dürfte man heute wissen, dass so viele dickleibige Romane unserer Zeit den Leser, voran den vom Tagwerk ermüdeten, zur Oberflächlichkeit verleiten, während bei Anhören dieser knappen, echten Dichtung auch für den Angestrengtesten noch Zeit zur Sammlung bleibt. (Vielleicht also haben wir hier die eigentliche ›zeitgemässe‹ Dichtung.)« Felix Wittmer, »Rilkes Cornet«, in *PMLA* 3 (1929), S. 911–924, hier: S. 924.

der Diogenes Verlag darauf verlassen, einen sehr gut verkäuflichen Titel ins Repertoire aufzunehmen: Die *Briefe an einen jungen Dichter* erschienen als Nr. 406 in der »Insel-Bücherei«, die 1912 mit Rilkes *Cornet* eröffnet worden war, und verkauften sich danach dauerhaft, und zwar auch und besonders in der englischen Übersetzung.[8]

Bis 2019 fehlten in all den Ausgaben, die danach folgten, Kappus' Briefe. Die Neuveröffentlichung erfüllt also sowohl einen philologischen Zweck als auch eine historische Funktion. Sie macht endlich sichtbar, durch welche Anregungen Rilkes Schreiben in Gang gesetzt wurde, und benennt damit die Rolle des Autors Franz Xaver Kappus in der Literaturgeschichte. Kappus ist schließlich (vielleicht unter anderem durch den Briefwechsel mit Rilke weniger unglücklich) ein ganz erfolgreicher Autor und Journalist geworden. Er konnte seinen Traum vom Leben als Autor verwirklichen, setzte dabei jedoch offensiv auf das Unterhaltungsgenre und produzierte zahlreiche in Folgen erscheinende Romane für den Ullstein Verlag. Einen späten Erfolg erzielte er 1967 mit 83 Jahren, als das von ihm geschriebene und von Oskar Schima vertonte Lied »Mamatschi, schenk' mir ein Pferdchen« in der Interpretation des kindlichen Herzensbrechers Heintje ein großer Erfolg wurde. Die Verse des Liedes eröffnen vielfach mit »und« – einem Stilelement, das insbesondere Rilke (zuvor allerdings auch schon der von Rilke selbst wiederum nicht hoch geschätzte Richard Dehmel) popularisiert hatte. Nachdem ein kleiner Junge auf seinen sehnlichsten Wunsch hin ein Marzipanpferdchen anstelle des erhofften Rosses von »Mamatschi« erhalten hat, heißt es bei Kappus: »Und viele Jahre sind vergangen / Und aus dem Jungen wurd' ein Mann / Da hielt, die Fenster dicht verhangen, / Vorm Haus ein prächtiges Gespann / Vor einer Prunkkarosse steh'n / Vier Pferde reich geschmückt und schön / Die trugen ihm sein armes Mütterlein / Da fiel ihm seine Jugend ein.«*

Keines seiner Werke aus der Zeit nach dem Briefwechsel mit Rilke ist jedoch zu einem Vademekum und Handorakel geworden. Abgesehen von »Mamatschi« sind seine erfolgreichsten Texte solche, die lange nicht publiziert wurden, und solche, in denen er nur implizit und ohne scharfe Konturen erkennbar ist, als Empfänger einer Poetik, die eher zufällig auf ihn als Empfänger zu treffen scheint. Wie liest man so was eigentlich, wie liest

---

*Geschrieben hatten Kappus/Schima das Lied schon 1936, s. Matthias Bardong u. a., *Das Lexikon des deutschen Schlagers: Geschichte, Titel, Interpreten, Komponisten, Texter.* 2., erw. überarb. Aufl. Mainz 1993. Christian Meurer hat in einem Beitrag für *Titanic* die Karriere von »Mamatschi« nachverfolgt. Sie findet in seinem Text ihren Höhepunkt in der Verwendung in Steven Spielbergs Film *Schindlers Liste* (der allerdings die Ersteinspielung des Songs durch die Sängerin Mimi Thoma verwendete): »Im Film wird die Platte von einem SS-Mann aufgelegt, um sie über sämtliche Lautsprecher durchs Krakauer KZ schallen zu lassen. Mütter und Kinder des Lagers werden auf einem Platz zusammengetrieben, um mit Lastwagen angeblich ›verlegt‹ zu werden. Zunächst marschieren die Kinder heran, die fröhlich ›Mamatschi‹ mitsingen und auf die Ladeflächen klettern. Die Mütter hält man im letzten Moment zurück. Als die Lastwagen anfahren, scheppert zur einsetzenden Massenpanik weiterhin ›Mamatschi‹ aus den Lautsprechern, auch als die Kamera eines der Kinder verfolgt, das verzweifelt ein Versteck sucht: Unter Krematoriumsöfen, Dachsparren und Barackendielen ist schon besetzt, so daß der Junge endlich in eine randvoll mit Fäkalien gefüllte Latrine springt. Wie hatte Kappus doch am 4. Februar 1910 seinem Regimentskameraden, dem Buchgraphiker Rudolf Heßhaimer, ins Stammbuch geschrieben: *Dem Leben nachspüren, seine tiefen Zusammenhänge nicht deuten wollen, sondern sie gestalten, so gut er's vermag: das ist Ziel und Schicksal des Künstlers.*« Christian Meurer, »Gesetz der Tiefe, Sauerkohl. Aus dem Leben von Rilkes ›jungem Dichter‹«, in: *Titanic*, März 2005, S. 58–62, hier: S. 62.

man Handorakel?** Liest man es überhaupt, oder schleppt man es eher mit sich herum wie einen Glücksbringer?

Die Ecken meiner stark beanspruchten Ausgabe der *Briefe an einen jungen Dichter* sind vom Rumpeln in der Tasche rundgestoßen, die Seiten vergilbt. Das Problem ist bekannt: »Jedes solcher Bücher hat [...] seine Geschichte. Doch die werden älter und nutzen sich ab, je fleißiger sie gebraucht werden. Die Bücher an sich sind, obgleich das Papier in alter Zeit dazu derb und gut war, vergänglich. So geschieht es, daß sie fortgethan und vernichtet werden.«[9] Bei mir nicht: Der Buchrücken ist offenbar schon einmal abgefallen, sodass ich ihn mit Tesafilm wieder ankleben musste. Das Buch enthält keine Anstreichungen, keine Klebestreifen zur Markierung wichtiger Stellen. Es ist das Äquivalent zu Texten, in denen die nicht unterstrichenen Sätze auffallender sind als die unterstrichenen. Alles war wichtig.

Die Kleinheit des Buches ist kein Zufall. »Charakteristisch auch das kleine Format der Taschenbüchlein bei ihrer relativ

---

** In Auszügen. Immer nur in einzelnen, heftig unterstrichenen Passagen. »Nehmen wir allein Sätze wie diese«, schreibt Helmut Lethen im Kapitel »Vom Finden und dem Verlust des Handorakels«, das seine erste längere Auseinandersetzung mit Baltasar Graciáns *Handorakel und Kunst der Weltklugheit* beschreibt, »Nr. 129 ›Nie sich beklagen. Das Klagen schadet stets unserem Ansehn. Es dient leichter, der Leidenschaftlichkeit anderer ein Beispiel der Verwegenheit an die Hand zu geben, als uns den Trost des Mitleids zu verschaffen ...‹« (Helmut Lethen, *Auf der Suche nach dem Handorakel*, Göttingen 2012, S. 114 f.). Im Folgenden geht es darum, wie Graciáns Verhaltenslehre aus dem Jahr 1647 durch die Schriften Carl Schmitts wanderte und so schon Widerhall in Lethens Nachdenken über eine Kultur des kalten Denkens in den 1920er-Jahren fand, bevor er überhaupt auf die Idee kam, sich mit Gracián auseinanderzusetzen. Trostbedürftigkeit soll kein Handlungsmotiv sein, und zwar offenbar schon seit über 370 Jahren nicht.

großen Drucktype, die nicht nur Leseschwäche (der älteren Leser) ausgleicht, sondern auch Lektüre abseits des Schreibpultes bzw. der sitzenden Lesehaltung ermöglicht – Lesen zwischendurch, Lesen, wo es sich gerade ergibt, okkasionelle Erbauung während des Tagesablaufs.«[10] Ich weiß nicht, an welche Orte ich das Buch überallhin mitschleppte, verschwommen ist die Erinnerung an eine lange Wartezeit auf einem Flughafen, während derer ich in dem kleinen Band las. Sein jetziger Zustand erzählt keine Leseszenen, die ich schon längst vergessen habe, er weist nur allgemein heftigen Gebrauch durch seine Schrabbeligkeit nach.

Schon länger trägt man sowohl das Bedürfnis nach Erbauung als auch die Literatur, die Erbauung verspricht und sich selbst sogar Erbauungsliteratur nennt,* stets mit sich herum. Einerseits hat man sie dann immer schnell zur Hand, andererseits kann man sie auch gut vor missbilligenden Blicken verstecken. Trostsuchendes Lesen hat eine lange Geschichte, die vor allem davon handelt, dass man es *trotzdem* tut. »Wer sind die ›Alten Tröster‹? Der Ausdruck wird gebraucht für die Gebet- und Erbauungsbücher der gläubigen Väter unserer evangelisch-lutherischen

---

* »Wenn ›Erbauungsliteratur‹ Texte umfasst, ›die dem Christen zur Bekräftigung im Glauben, zur Vergegenwärtigung der Heilsgeschichte und zur Anleitung in christlicher Lebensführung dienen‹ wollen, wird bereits aus dieser knappen Definition klar, dass die Kernbestimmung von ›Erbauung‹ auf ein sowohl intellektuelles, imaginatives wie moralisches Instruieren und Affizieren hinausläuft – und schon wird es kompliziert.« Susanne Köbele, »aedificatio. Erbauungssemantiken und Erbauungsästhetiken im Mittelalter. Versuch einer historischen Modellbildung«, in: dies., Claudio Notz (Hg.), *Die Versuchung der schönen Form. Spannungen in ›Erbauungs‹-Konzepten des Mittelalters*, Göttingen 2019, S. 9–37, hier: S. 15.

Kirche, die noch heute die Gläubigen trösten; für die Erbauungsschriften, daraus nicht bloß der Schriftsteller und seine Zeitgenossen Trost gesucht und gefunden haben, sondern die solchen Wert haben, daß viele Geschlechter bis heute durch sie erbaut worden sind und noch erbaut werden. Alte Tröster hießen sie ursprünglich vielfach spottweise [...].«[11] Schon 1900 muss auf Seite eins klargestellt werden, dass man sich der potenziellen Peinlichkeit bewusst ist, die es bedeutet, nicht nur eine trostbedürftige Person zu sein, sondern vor allem, sich als solche ausgerechnet an ein Büchlein zu wenden, dessen ästhetischer Wert weit hinter seiner Funktionalität für seelische Belange zurückbleibt. Es sei aber, so wird weiter ausgeführt, kein Wunder, dass *Die Alten Tröster* von Leserinnen und Lesern angesteuert würden, denen der ästhetische Wert eines Textes, worin auch immer er bestehen möge, ziemlich egal war. In der zweiten Hälfte des 19. Jahrhunderts hätten die Kirchen erbauungssuchenden Personen »Steine statt Brot« angeboten.[12] Aus Steinen kann man zwar eine Kirche erbauen, nicht aber die trostbedürftigen Gläubigen bei der Stange halten. Sie wollen einen Text. Das gilt auch zu Zeiten, in denen Gläubige schon solche sind, die allein mit einem spirituellen Restbedürfnis durchs Leben gehen und sich um den Glauben (an sich) vorerst keine größeren Gedanken machen, sondern andere Probleme haben.

Meine kleine Ausgabe von Rilkes Briefen an Kappus stammt aus dem Jahr 1997, ich glaube aber, dass ich sie mir erst deutlich später gekauft habe. Meine Erinnerung behauptet, dass ich sie seit 2004 mit mir herumgetragen habe, weil ich mich an die Anschaffung einer Umhängetasche erinnere, die ein Spezialfach hatte, in dem ich das Buch versenken konnte. Und so ist es wahrscheinlich auch gedacht: dass man diese Ratschläge Rilkes, seine Versuche, einem ihm unbekannten Mann Trost zu spenden, in die Tasche stecken kann. Zu wissen, dass dieses Buch überall hinpasst und immer mitkommen kann, ist vielleicht schon selbst Trost genug. Mit dem Buch in der Tasche war ich immer schon zwei. Vielleicht war genau das Effekt einer gelungenen verlegerischen Suggestion, die darin besteht, Leserinnen und Leser glauben zu lassen, dass es ein Kunstwerk gibt, das für sie jeweils ganz allein da ist. Der Preis dafür war die Ausblendung des eventuell doch einfach zu schmuddeligen Kappus'. Durchgezogen wurde vor allem der Triumph des Deutschunterrichts: Unsere Großen, immer dabei – spürt ihr es nicht auch?

Ursprünglich sollte meine Ausgabe fünf D-Mark kosten, wie man über dem ziemlich abgeschabten Barcode noch erkennen kann. Was ich tatsächlich bezahlt habe, weiß ich nicht. Die Rückseite enthält keine Hinweise zum Inhalt der Briefe oder zum Empfänger, dafür aber ein Zitat von Paul Valéry, den Rilke seinerseits in Deutsche übersetzt hat. »Teurer Rilke! ... Ich liebte in ihm den zartesten und geisterfülltesten Menschen dieser Welt, den Menschen, der am meisten heimgesucht war von all den wunderbaren Ängsten und all den Geheimnissen des Geistes. Paul Valéry«.

Es hat bis 2017 gedauert, bis ich einmal etwas anderes von Paul Valéry als diesen Blurb gelesen habe. Ängste kannte ich nur als Ängste, also waren sie schrecklich, nicht wunderbar. In einem Aufsatz von Carlos Spoerhase fand ich einen Verweis auf *Die beiden Tugenden des Buches*,[13] der mir gerade recht kam, direkt daneben ging es noch besser weiter, hier also noch mal Paul Valéry: »Der Geist des Schriftstellers betrachtet sich in dem Spiegel, den die Druckerpresse ihm liefert. Wenn Papier und Druckfarbe zueinander passen, wenn die Letter angenehm für das Auge, wenn der Satz sorgfältig, die Justierung ohne Makel, der Druck vorzüglich ist, so empfängt der Autor einen frischen Eindruck von seiner Sprache und seinem Stil. Beschämung und Stolz streiten in ihm. Er sieht sich mit Ehren bekleidet, die ihm vielleicht nicht zustehen. Ihm ist, er vernehme eine sehr viel entschiedenere und festere Stimme als die seine, höre eine unerbittlich reine Stimme seine Worte aussprechen, jedes einzelne seiner Wörter mit drohender Deutlichkeit. Alles, was er je Schwaches, Nachgiebiges, Willkürliches, Unelegantes niedergeschrieben hat, spricht nun allzu klar und vernehmlich. Ein schreckliches Urteil, und ein höchst kostbares zugleich, wird da über einen gefällt, wo man sich prächtig gedruckt sieht.«[14]

Meine Ausgabe der *Briefe* spottet selbstredend diesem Anspruch. Sie ist nicht prächtig, sondern so gerade eben nicht kaputt, in keiner besonderen Type gesetzt und auf billigem Papier gedruckt. Es kann sein, dass die *Briefe* in einer anderen Ausgabe auf eine jüngere Version meiner selbst noch größeren Eindruck gemacht hätten, ich glaube aber vor allem, dass die Rilke-Briefe deshalb lange Zeit mit mir wanderten, weil sie sich hier so bescheiden ausgaben. Nur ein paar Briefe an einen jungen Dichter, von Schreiber zu Schreiber. Keine große Sache. Die »drohende Deutlichkeit« einer festen und entschiedenen Stimme vernahm ich sehr wohl. Aber aus einem anderen Buch sprechend hätte ich sie wohl eher nicht hören wollen. Schwach, nachgiebig, willkürlich, unelegant: So darf man nicht schreiben, so steht es in Rilkes Briefen an Kappus. Ohne die wenig beeindruckende, aber eben auch wenig einschüchternde Materialqualität der billigen Diogenes-Ausgabe wäre diese Ansage eher nicht zu mir durchgedrungen.

Das armselige Äußere des zerliebten kleinen Bandes, der in überhaupt keiner besonderen Weise gesetzt ist, sondern nur so, dass er eben auf den geringen Platz der 121 Textseiten passt, schmiegt sich dafür aber an die Erfahrung dessen an, der hier eine Leerstelle bleibt. Franz Xaver Kappus, der in dieser Ausgabe nicht zu hören ist, braucht einen Text, den er achten und an den er sich immer wieder wenden kann: ganz so, als wäre der Absender dieses Textes bei ihm. In einem der letzten vollständig erhaltenen Briefe* an Kappus gesteht Rilke am Ende: »Glauben Sie nicht, daß der, welcher Sie zu trösten versucht, mühelos unter den einfachen und stillen Worten lebt, die Ihnen manchmal wohltun. Sein Leben hat viel Mühsal und Traurigkeit und bleibt weit hinter Ihnen zurück. Wäre es aber anders, so hätte er jene Worte nie finden können.«[15]

Unter den vielen – sie sagt: Tausenden – Briefen, die Cheryl Strayed erreicht haben, fällt einer auf, dessen anonyme Absenderin oder anonymer Absender nur eine Frage hat: »WTF? I'm asking this question as it applies to everything everyday.«[16] Mehr Informationen enthält dieser Brief nicht. Der Einfachheit halber wird die Absenderin oder der Absender von Strayed WTF genannt. Ihre Antwort auf diese Frage enthält zwei Geschichten, die aufeinander aufbauen. Mit der ersten steigt sie in ihre Antwort ein, sie handelt davon, wie sie als kleines Kind ihrem Großvater einen runterholen musste: »My father's father made me jack him off when I was three and four and five«, lautet der erste Satz ihrer Antwort. »That particular fuck would not be shook. Asking what the fuck only brought it around.« Strayed geht nicht

* Dieser Brief wurde 12. August 1904 aus Flädie in Schweden abgeschickt. Am 30. August 1908 übermittelte Rilke Kappus aus Paris mit einem Begleitschreiben noch einmal einige seiner eigenen Gedichte. Dieses Schreiben ist nicht zugänglich, aus einem Auktionskatalog wird nur folgender Satz übermittelt: »Merken Sie an, daß ich bis vor kurzem fast immerzu auf Reisen, nicht immer wohl und schließlich in unerbittlicher Arbeit war.«

weiter ins Detail. Warum ihre Mutter oder ihr Vater nicht dabei helfen konnten, ihr Schweigen zu brechen und davon zu erzählen, was ihr widerfahren war, bleibt offen. Es bleibt auch offen, WAS ZUM TEUFEL UND WARUM ihr dieser Missbrauch geschehen ist, der nicht Missbrauch genannt wird. Manche Dinge, so Strayed, seien so falsch und traurig, dass jede Frage an sie unbeantwortbar bleibt: Diese Erlebnisse steckten wie ein Speer im Schlamm. Ein Speer, der geworfen wird, vibriert vielleicht noch eine Weile nach, wenn er im Schlamm steht. Wenn der Schlamm trockener wird und der Speer tief eingedrungen ist, ist er vermutlich nur mit sehr großer Kraftanwendung aus dem Schlamm herauszuziehen. Strayed hat ihren Speer in den Nebel geworfen, der die Frage »WTF« umgibt, irgendeine fremde Person will sie nichts anderes wissen lassen, als dass sie sehr wütend ist, die Wut bezieht sich auf alles, dementsprechend auf nichts Bestimmtes.

Die zweite Geschichte, die Strayeds Antwort enthält, handelt von einem Vogeljungen mit gebrochenem Hals, das Strayed an einem Tag findet, an dem ihr nicht nur die Erinnerung an ihr fünfjähriges Selbst wie ein Sack Blei auf der Seele liegt, es ist auch sonst nichts gut. Sie versucht den Vogel zu beruhigen, aber er wird nur ängstlicher, als sie ihn in die Hände nimmt, wissend, dass er nicht mehr lange überleben kann. Der Vogel wird immer panischer und Strayed sieht ein, dass er nun entweder noch über längere Zeit qualvoll sterben wird oder dass sie nun zur Abkürzung des Leidens seinen Tod herbeiführen kann. Das tut sie, indem sie ihn in einer Papiertüte erdrückt: »Nothing that has died in my life has ever died easily, and this bird was no exception. This bird did not go down without a fight.« Sie spürt den Puls des Vogels noch eine ganze Weile gegen ihre Hände schlagen, »flaccid and ferocious beneath its translucent sheen of skin, precisely as my grandfather's cock had been«.[17]

Beide Geschichten reagieren auf das Trauma, das Strayed niemals verlassen hat. Der Körper des Vogels mag in ihren Händen und ihrem Willen nach sterben, die Erinnerung bleibt. So auch das Trauma. Diese Einsicht befreit sie schließlich von der schwersten Last, die darin besteht, über das Ausbleiben der Antwort auf die immer wieder gestellte Frage »What the fuck?« nicht hinwegzukommen. WTF solle sich angewöhnen, bessere Fragen zu stellen, schreibt Strayed. Vielleicht ist WTF schlicht ein Troll, der die ausführlichen Darlegungen haarsträubenden und gewöhnlichen Kummers verspotten möchte, die Strayed für gewöhnlich beantwortet. Ihre Reaktion darauf ist sowohl in Länge und Direktheit selbst dazu geeignet, den zu narren, der sich vielleicht nur über sie lustig machen wollte. Nach all dem, dem Missbrauch und dem Tod des Vogels in der Papiertüte, war ja gar nicht gefragt worden. Das Übermaß an Information über das Leben Strayeds, das dieser Brief enthält, ist nicht nur deshalb unangenehm zu lesen, weil es einen so wunden Punkt ihrer Kindheit enthält, sondern auch, weil es alle möglichen Formen des alltäglichen »What the fuck?«-Sagens und -Denkens zurechtschrumpft.

Rilke spricht von sich in der dritten Person, um bei Kappus zu hinterlegen, dass auch das, was er ihm schreibt, durch »viel Mühsal und Traurigkeit« gedeckt ist. Heutzutage ist leicht nachzulesen, was damit gemeint sein könnte. Rilkes Sonderbegabung lag wie bei Kappus nicht allein im Feld der Dichtung, sondern auch im Betreiben von allzu intensiven Beziehungen (die daran Beteiligten haben allerdings sein Leben als Dichter zum Teil auch finanziell abgesichert). Auch er hätte vielleicht einen Briefkontakt so weich und süß wie Zuckerwatte gebraucht. Die Erwähnung seines eigenen Gefühlshaushaltes ist jedoch einer der ganz wenigen Momente in seinen Briefen an Kappus, in denen Rilke als Person mit einem eigenen Innenleben auftritt. Dabei bleibt er immer noch auf Abstand: Er hält Kappus, dem er in großen Zeitabständen von vielen Monaten antwortet, am ausgestreckten Arm. Natürlich siezt er ihn weiterhin, aber das allein ist nicht auffällig, allgemeines Durchduzen beginnt historisch betrachtet erst später.

Vor allem aber drückt Rilke Kappus mit der ganzen Kraft seiner poetischen Reflexion an die Wand: »Die Stille muß immens sein, in der solche Geräusche und Bewegungen Raum haben, und wenn man denkt, daß zu allem noch des entfernten Meeres Gegenwart hinzukommt und mittönt, vielleicht als der innerste Ton in dieser vorhistorischen Harmonie, so kann man Ihnen nur wünschen, daß Sie vertrauensvoll und geduldig die großartige Einsamkeit an sich arbeiten lassen, die nicht mehr aus Ihrem Leben wird zu streichen sein; die in allem, was Ihnen zu erleben und zu tun bevorsteht, als ein anonymer Einfluß fortgesetzt und leise entscheidend wirken wird [...].«[18]

Es ist eigentlich eine Drohung: Ab jetzt ist jeder Tag das Erbe von tiefster innerer Einsamkeit, aus einem Brunnen ohne Boden sollst Du schöpfen. Beispiel dafür ist Rilke selbst, seine Dichtung wird unmissverständlich als Belegstelle zur Umsetzung dieses Programms an Kappus mitgeschickt, der seinerseits Sonette verfasst hat, Reimschema: Klage/Tage, Weh/Schnee, Frage/wage usw., die Rilke dezent beschweigt oder umschifft. Rilke hat keinen Rat zu Versen, er hat nur einen Rat zur inneren Einstellung zum Verfassen von Versen. »Sie sehen nach außen und das vor allem dürften Sie jetzt nicht tun. Niemand kann Ihnen raten und helfen, niemand. Es gibt nur ein einziges Mittel. Gehen Sie in sich. Erforschen Sie den Grund, der Sie schreiben heißt; prüfen Sie, ob er in der tiefsten Stelle Ihres Herzens seine Wurzeln ausstreckt, gestehen Sie sich ein, ob Sie sterben müßten, wenn es Ihnen versagt wäre zu schreiben.«[19] Das einsame Herz als Forschungsfeld für Selbsterkenntnis hat sich Rilke weder selbst ausgedacht, noch hat er es behauptet. Es war ja auch um 1900 schon lange und gut bekannt, ganz ohne weiteres Quellenstudium. Es ist auch der Zeitpunkt, als das Herz gewissermaßen ins Hirn wandert und als Teil der Psyche Gegenstand einer eigenen Wissenschaft von den Leidenschaften, Trieben usw. wird. Doch egal von welcher Seite man auch schaut: Nie hat jemand behauptet, dass es nicht ein gehöriges Stück Arbeit sei, dahin zu gelangen, wo die Sonne nicht scheint, die Selbsterkenntnis aber blüht: »Vom selbst-Erkäntnüs. Seltsam und doch nötig. Schwer und doch nützlich. [...] Der Grund ist tief / niemand will sich hinein wagen: mancher schäwt sich und schämt sich hinein zu gehen / daß ihm der Greuel der Verwüstung nicht vor Augen komme: mancher hat mit andern so viel zu thun / daß er sein selbst vergißt. Ich will auf meine eigene Brust schlagen / und nicht auf andere den Finger strecken.«[20]

Strayed schreibt Bassist, dass sie mit der gleichen Attitüde schreiben solle wie die Bergleute, die einfach graben. »That you're so bound up about writing tells me that writing is what you're here to do. And when people are here to do that, they almost always tell us something we need to hear. I want to know what you have inside you. I want to see the contours of your second beating heart. So write, Elissa Bassist. Not like a girl. Not like a boy. Write like a motherfucker.«[21]

Knapp 120 Jahre später möchte ich Rilke ein paar Anführungszeichen reichen, die er nach Belieben in seinen Sätzen verteilen könnte, um etwas Gewicht der bleischweren Vokabeln abzufangen, mit denen er Kappus zur Prüfung seiner dichterischen

Ambitionen aufruft. Anfangen könnte man vielleicht mit »sterben«. Mir erscheint der Anspruch, die eigene schreiberische Motivation solle entweder existenziell oder wertlos sein, in seinem Pathos mittlerweile leicht bedrohlich. Was ist mit denen, die zwar darauf brennen, zu schreiben (und vielleicht vor allem darauf, dann auch gelesen zu werden), aber auch dann gern leben wollen, wenn die Umstände genau das nicht erlauben?

Lange Zeit wollte ich die Möglichkeit haben, das Pathos immer dann wieder neu anzufachen, wenn seine Flamme vielleicht allzu klein brannte. So trug ich das Buch mit mir herum, um mir im Zweifelsfall Rilkes Worte leihen zu können, als Ersatz für all die, die mir selbst nicht einfielen. Ich konnte so stumm bleiben wie der Leutnant Kappus in meiner Ausgabe und war doch bei großer Dichtung dabei, ich schien kurz davor, selbst welche zu produzieren. Rilke war als »zartester, geisterfülltester Mensch der Welt« mit »all den wunderbaren Ängsten und allen Geheimnissen des Geistes« (Valéry) das Idol, dem sich anzuverwandeln nicht unmöglich sein sollte, bei all den Ängsten und Geheimnissen des Geistes, die ich an mir selbst bemerkte und in zarte und geisterfüllte Texte hineinzuschreiben gedachte.

Aus dieser Hoffnung heraus hat auch Kappus an Rilke geschrieben. Kappus identifizierte sich mit Rilke unter anderem aus dem Grund, dass auch Rilke zunächst eine Militärlaufbahn angestrebt, dann jedoch zugunsten eines Lebens als Dichter aufgegeben hatte. So wollte Kappus es ebenfalls machen. Nach einem Vortragsabend in der Wiener Buchhandlung Heller am 8. November 1907 folgte Kappus Rilke in ein Restaurant: »In dem Lokal ließ er Rilke seine Visitenkarte überreichen, und der Dichter kam auch sofort an seinen Tisch, um sich lange und eingehend zu unterhalten.«[22] Kurze Zeit später sandte Kappus seine Verse an den Insel-Verlag, bei dem Rilke publizierte. »Innerhalb einer Woche kam die Absage mit einem Standardschreiben, das auf den Verlagslektor Adolf Hünich zurückgehen dürfte. Dies dürfte auch die Kontakte mit Rilke gedämpft haben.«[23]

All das wusste ich nicht, als ich wieder und wieder mein Büchlein aufschlug und las: »Das Mädchen und die Frau, in ihrer neuen, eigenen Entfaltung, werden nur vorübergehend Nachahmer männlicher Unart und Art und Wiederholer männlicher Berufe sein. Nach der Unsicherheit solcher Übergänge wird sich zeigen, daß die Frauen durch die Fülle und den Wechsel jener (oft lächerlichen) Verkleidungen nur gegangen sind, um ihr eigenstes Wesen von den entstellenden Einflüssen des anderen Geschlechts zu reinigen. Die Frauen, in denen unmittelbarer, fruchtbarer und vertrauensvoller das Leben verweilt und wohnt, müssen ja im Grunde reifere Menschen geworden sein, menschlichere Menschen als der leichte, durch die Schwere keiner leiblichen Frucht unter die Oberfläche des Lebens herabgezogene Mann [...].«*

Ich hatte lange keine Sprache und vielleicht auch von daher kein Bedürfnis, diese Einschätzung anzuzweifeln, ich wünschte mir, meine Sprache so benutzen zu können wie der, der so über Frauen schrieb.

---

* Rilke, *Briefe an einen jungen Dichter*, S. 59 f. Rilke schrieb diese Zeilen im Mai 1904 in Rom. Nur ein Jahr vorher war das misogyne Werk *Geschlecht und Charakter* von Otto Weininger erschienen, das sich zum Ziel gesetzt hatte, die grundsätzliche Minderwertigkeit von Frauen ein für alle Mal nachzuweisen; das Buch war zumindest literarisch ein großer Erfolg. Von Weininger hörte ich zum ersten Mal ungefähr zu der Zeit, als ich mir die Tasche mit dem Rilke-Spezialfach kaufte – in einer Vorlesung. Nichts erfuhr ich in dieser Vorlesung jedoch darüber, wie Frauen zwischen 1903 und 1904, eingepfercht zwischen Rilke und Weininger, geschrieben haben.

»The truth: I am sick with panic that I cannot – will not – override my limitations, insecurities, jealousies, and ineptitude, to write well, with intelligence and heart and lengthiness. And I fear that even if I do manage to write, that the stories I write – about my vagina, etc. – will be disregarded and mocked. How do I reach the page when I can't lift my face off the bed?«[24] Als Bassist Strayed im August 2010 schrieb, gab es sowohl die Ratgeberkolumne als auch die Webseite, auf der sie zu finden ist, noch nicht sehr lang. *The Rumpus* war 2009 die Idee eines Autors namens Stephen Elliott, der seinen Autorinnen- und Autorenfreunden, die genauso arm wie er waren, Gelegenheit geben wollte, Teil eines literarischen Zirkels zu sein. Zunächst übernahm sein Freund Steve Almond die Ratgeberkolumne, und weil er von Elliott »Sugar Butt« (Zuckerarsch) genannt wurde, setzte sich der Name *Dear Sugar* für den Kummerkasten der Webseite durch.

Almond selbst setzte sich als Ratgeber nicht durch: Er sei kläglich gescheitert an dem Versuch, sich in diejenigen hineinzuversetzen, die irgendwie den Weg auf die Webseite gefunden und sich dann auch noch entschlossen hatten, einer ihnen unbekannten Person namens »Sugar« ebenda ihre Sorgen zu gestehen. Wo sein Herz scheiterte, habe er versucht, mit Witz darauf zu reagieren.[25]

An seiner statt fragte Elliott die ihm unbekannte Autorin eines Romans namens *Torch* an, den er sehr schätzte. Er nahm nicht an, dass sie Zeit haben würde: Almond erwähnt, dass er über Strayed wusste, dass sie ein loses Mundwerk, viele Schulden aus dem Studium, kein regelmäßiges Einkommen als Dozentin an einem Literaturinstitut und zwei kleine Kinder habe, mehr nicht. Doch sie sagte zu. All das ist die Story von »Sugar«, wie sie später in der Einleitung zu der Sammlung ihrer Briefe an

Fremde erzählt werden wird, die ihr ihre intimsten, teilweise aber auch alltäglichsten Sorgen schilderten. Mit der Publikation ihrer Kolumnen unter ihrem eigenen Namen stellte Strayed klar, dass nicht »Sugar«, sondern eigentlich Rilke die Kolumnen geschrieben hat: Aus der Einleitung zum Buch und den Interviews mit seiner Autorin geht hervor, dass Cheryl Strayed nicht nur der Name einer Autorin von Ratschlägen, sondern auch der einer Romanschriftstellerin ist.* Als solche spricht sie dieser Tage für die *New York Times* im Podcast *Sugar Calling* mit anderen berühmten Autorinnen und Autoren darüber, was sie in Zeiten emotionaler Not tun. Die meisten zitieren wiederum andere Schriftstellerinnen, an deren Texte sie sich wenden. Ein Netz, gewebt aus Zuckerwatte, das sich immer weiter ausdehnt.

Eine Kultgefolgschaft besitze »Sugar«, so Almond, und zwar, weil sie etwas anbiete, was in der amerikanischen Gesellschaft, die derzeit an Einsamkeit krepiere, dringend fehle. Diese Fehlanzeige läuft bei ihm unter »radikale Empathie«, die Strayed in

---

*2016 erschien im Münchner Kailash Verlag die von Maria Zettner besorgte deutsche Übersetzung von *Tiny Beautiful Things* unter dem Titel *Der große Trip zu dir selbst. Ungeschminkter Rat für die Liebe, das Leben und andere Katastrophen.* Für diese Ausgabe schrieb Strayed ein eigenes Vorwort, das über nichts informiert, was nicht bereits durch die Vor- und Nachworte der englischen Version bekannt ist. Nicht erwähnt wird, dass die Kolumne im Original »Dear Sugar« hieß, in dieser Ausgabe steht vielmehr, sie habe »Hallo, Cheryl« geheißen. Mal ganz abgesehen von der empörenden Interpunktion dieses Titels ist das schlicht unzutreffend. Falsch klingt auch der Ton der Briefe und der Antworten, die Übertragung der Worte hat funktioniert, die Übertragung der Stimme der Autorin ist gescheitert. Sie klingt nun genau wie jene Sorte Selbsthilfeliteratur, die sie doch, wie sie auch in der Einleitung zu selbst dieser Ausgabe schreibt, niemals lesen würde.

ihren Briefen anbiete. Diese Empathie besteht nicht allein in einem mitfühlenden Tonfall und der Anrede »sweet pea«, mit der die auch Strayed unbekannten Briefautorinnen und -autoren belegt werden. Sie besteht vor allem immer wieder in einem Arbeitsauftrag. »Nicht nur die sprachlichen Mittel tragen dazu bei. Betrachtet man den Text inhaltlich, so fällt eine Forderung ins Auge, die genauso deutlich wie die in der Erbauungsliteratur übliche nach Passivität und Unterwerfung zutage tritt – die Forderung, Sorge um sich selbst zu tragen.«[26] Wenn du dich nicht von Gott beim eigenen Namen rufen lassen kannst, weil du nicht oder nicht mehr glauben kannst, dann reicht es vielleicht aus, wenn dich wenigstens eine anonyme Autorin bei einem Kosenamen ruft.

Als Elissa Bassist an Strayed schreibt, läuft die Kolumne schon eine ganze Weile, niemand weiß, wer »Sugar« ist. Bassist fängt ihren Brief damit an, dass sie sagt, sie schreibe wie ein Mädchen. Sie wolle aber nicht wie ein Mädchen schreiben, sondern lieber wie David Foster Wallace, und dies nicht nur deshalb, weil sie glaube, dass ihre Themen (unerwiderte Liebe, ihre Vagina, ungefilterte Emotionen) vielleicht nicht so gut ankämen, sondern auch, weil sie damit ja eine Frauenschriftstellerin würde. Und Frauenschriftstellerinnen endeten meist schlimm, das wisse man, das sei bekannt; dass es mit Wallace auch ein schlimmes Ende genommen habe, das sei weniger relevant angesichts seines Genies. Was genau an seinem Schreiben das Geniale für sie ausmacht, steht leider nicht in dem Brief. Er geht noch eine Weile weiter und enthüllt »Sugar« auch die Depressionen der Absenderin, gegen die sie verschreibungspflichtige Medikamente nimmt. Getrieben wird ihr Brief aber von dem einen verzehrenden Wunsch: Bassist möchte so gern ein Buch schreiben. Dieses Buch, so ist dem Brief zu entnehmen, ist nichts weniger als eine

Art Zaubermittel, denn es soll ihr erlauben, anders zu werden: »it's not that I want to die so much as have an entirely different life«[27]. Dieses andere Leben ist das einer Autorin.

Meine Ausgabe von *Tiny Beautiful Things* habe ich mir nicht gekauft, sondern von meinem ehemaligen Kollegen Peter Praschl als .mobi-Datei erhalten. In seinem Blog *Vague* hatte Praschl am 20. März 2013 einen Text über das Buch veröffentlicht, der im Stil aller seiner Blogtexte geschrieben ist. Vermutlich hat sein atemloser Duktus damit zu tun, dass er zumindest damals Kette rauchte. Ich stelle mir vor, dass die treibenden Sätze und Absätze so zustande kommen, dass sie immer dann enden, wenn er abaschen muss. In seinem Büro, in dem ich ihn 2008 als meinen neuen Ressortleiter kennenlernte, war seine Tastatur immer von Zigarettenasche bestäubt. Dahinter saß er auf seinem Schreibtischstuhl und schnaufte. Über das Verfahren von Strayed schrieb Praschl: »Ihre Antworten sind eher Erzählungen aus ihrem eigenen Leben und manchmal schlimmer als die Erzählungen, auf die sie reagiert. Manchmal ist es, als würde man zu einem Therapeuten gehen, und der Therapeut erzählt einem, wieviel kaum erträglicher Schmerz in seinem eigenen Leben schon vorgekommen ist. Merkwürdig, dachte ich immer wieder beim Lesen, aber ein paar Sätze weiter: es wirkt. Es ist kein Auftrumpfen, kein Übertrumpfen, kein Ablenken, kein Kleinerreden. Es ist etwas anderes, Schmerzensbekämpfung durch das Erzählen von Gleichnissen [...]. So müsste es sein, das Schreiben, Reden, Erzählen, dachte ich, dann wäre es weniger dunkel und bleiern.«[28]

Tiny Beautiful Things kam also als Dateianhang einer E-Mail zu mir und ich lud es auf meinen E-Book-Reader. Ich habe meine Ausgabe nicht bezahlt, das Buch aber seitdem mindestens drei Mal in gedruckter Form verschenkt: an Leute mit Kummer und solche, denen ich Dank für ihre Hilfe mit meinen eigenen Nöten schuldete. Für Praschl hatte ich kein Geschenk, um mich zu bedanken. Die Selbstsorge kann ein sehr einsames Geschäft sein. Und manchmal ist sie auch eine unsoziale Angelegenheit.*

Meine Ausgabe hat im Moment siebzehn Seitenlesezeichen und erheblich viel mehr Markierungen. In meiner Erinnerung liege ich immer im Bett, wenn ich diese Markierungen ansteuere, manchmal in zu Verlassenheitsgefühlen besonders einladenden Hotelbetten, denn Plagegeister kommen zu schlaftechnisch Minderbegabten (und auch anderen, wie man mir sagt) am liebsten in der Nacht. Das Buch ist mit mir überall dahin gewandert, wo mein E-Book-Reader war, die Orte aufzuzählen, wäre ebenso peinlich wie nutzlos, es sind zu viele, und oft markieren sie bloß die Endpunkte der immer gleichen Strecken, die ich gefahren und gegangen bin. Der E-Book-Reader ist darüber auch älter geworden, aber seine Plastikverschalung hat ohnehin schon abgerundete Ecken und ist auf ein rumpeliges Leben in einer Tasche ausgerichtet.

Anders als meine Ausgabe von Rilkes *Briefe an einen jungen Dichter* erzählt der Reader also – wenn überhaupt – nur eine

---

*Das weiß man, das ist bekannt seit 1669: »Von der recht-geordneten Liebe sein selbst und des Nächsten. Das Hembd ist dir näher als der Rock. Mancher erbarmt sich andrer / und erbarmt sich sein selbst nicht. Ich hab mit Verwunderung gesehen / wie viel seyn / die andere speisen und träncken / ihre eigene Seele aber verschmachten lassen: andere kleiden sie / ihre eigene Seele lassen sie nackt; andere heylen sie / und selbst liegen sie kranck an mancher Seuchen; andere straffen sie / ihnen selbst liebkosen und heucheln sie: gleich den Rinnen / die andern Wasser geben / und selbst keines behalten. [...] Was gehestu weit / du hast dich selbst vor dir [...].« Müller, *Geistliche Erquickstunden*, zit. nach Serkova, *Spielräume der Subjektivität*, S. 108.

sehr diskrete Geschichte meiner Lektüre. Es fällt auf, dass ich nur die Teile markiert habe, in denen Strayed als »Sugar« spricht. In den Briefen, die sie erhält, habe ich nichts markiert, dabei liegt hier doch vielleicht das Identifikationspotenzial. Nicht angestrichen habe ich die Sorgen der jungen Autorin, die glaubt, dass ihre Gefühle, auch die bezüglich ihrer Vagina, auch die, die sie nicht filtert, vielleicht keinen Anklang finden. Ich habe nicht die Teile in dem Brief der Frau markiert, in dem sie beschreibt, wie sie immer wieder versucht, Liebe aus demjenigen rauszulieben, dem sie mehr oder weniger egal ist, oder Teile des Briefs, in dem ein Mann von dem Versuch schreibt, seine Tablettensucht vor seiner Familie zu verheimlichen. Nichts davon. Ich habe mir nicht einmal angeschaut, was die anderen meistmarkierten Stellen im Buch sind, was über die Funktionen des E-Books leicht möglich wäre.

Aber jemand anderes hat sich zumindest angeschaut, welche Sätze von »Sugar« im Allgemeinen am beliebtesten sind. Es gibt ein Spin-off von *Tiny Beautiful Things*, das allein einzelne Sätze aus einzelnen Briefen enthält. Es trägt den Titel *Brave Enough*. Man solle mutig genug sein, sein eigenes Herz zu brechen, hatte »Sugar« in der Antwort auf eine Mail geschrieben, in der sie darum gebeten wurde, ihrem jüngeren Selbst Ratschläge zu geben.* *Brave Enough* bietet einen Vorrat an Sinnsprüchen, die noch besser auf beliebige Situationen anwendbar sind als im ursprünglichen Zusammenhang, da sie nun befreit sind von den jeweiligen Lebensgeschichten derjenigen, die sich an »Sugar« wandten.

---

*Was geschieht, wenn man sich diesen Rat zu Herzen nimmt, ist Gegenstand von Cheryl Strayeds Memoir *Wild*, das davon handelt, wie sie in der Zeit nach dem Tod ihrer Mutter eine nach außen hin ganz glückliche Ehe beendet und in einer Art Pilgerreise zu einer getrösteten Version ihrer selbst den Pacific Crest Trail abwandert.

Ich könnte mir selbst so eine Version zusammenstellen. Es fände sich darin etwa der zur Sentenz geronnene Satz: »But compassion isn't about solutions. It's about giving all the love that you've got.« Bei einem neuerlichen Durchgang durch meine markierten Stellen bin ich darauf gestoßen, ohne genau zu wissen, auf wen oder was hier geantwortet wird. Aber die Stelle leuchtet mir noch immer ein. Sie handelt von der Phrasendrescherei, die im Kondolieren vorherrscht, von den schwachen Sätzen, die man im Angebot hat gegenüber Leuten, die große Katastrophen oder nur die übliche Scheiße erleben und davon erschöpft und traurig oder sogar verzweifelt sind. Man muss dann das Übliche trotzdem sagen: Es tut mir (so) leid.

Ich lese noch einmal nach. Der Brief, auf den Strayed hier antwortet, stammt von einem 38-jährigen Mann, dessen 35-jährige Verlobte schon vor einigen Jahren ihre Mutter an Krebs verloren hat. Diese Frau wird nicht fertig mit der Trauer über diesen Verlust. Und dann weint sie und der Mann weiß nicht, was er sagen soll, außer eben das Übliche, und das scheint nicht gut genug zu sein. Aber das sei so eben nicht zutreffend, denn »compassion isn't about solutions. It's about giving all the love that you've got.«

Brave Enough dost alle diese Sätze in Konserven ein, an denen man sich bedienen kann, wenn es hart auf hart kommt. Was bis dahin noch Erbauungs*literatur* gewesen ist, indem diese Sentenzen in eine Erzählung, eine Analyse und einen Beratungsteil eingebettet gewesen sind, ist nun auf das Erbauliche verkürzt worden: »Da ist der Text als Vorrat, aus dem sich der Leser bedienen könne, eine Vorstellung, die mit den Metaphern der Schatzkammer oder des Gartens übereinstimmt, denn der Text ist unerschöpflich und nicht zu Ende zu lesen. Er ist portioniert, was einerseits der Gedächtniseinprägung entgegenkommt, andererseits Verfügbarkeit gewährleistet. Erbauung [...] stellt sich ja nicht selten am Detail ein und bedarf nicht der Absolvierung eines ganzen Textes oder Buches.«[29]

Und so habe ich es dann im Notfall auch gemacht: das Buch als Selbstbedienungsladen. Ich nahm, was ich brauchte, tippte auf der Oberfläche des E-Book-Readers herum und marschierte direkt durch zu den *schönen Stellen*, verweigerte das Nachvollziehen der Textstruktur, immer auf der Suche nach dem Trost im Unglück der anderen, nicht auf der Suche nach dem Verstehen eines großen Ganzen. Wer braucht schon Kontext? Manchmal reicht ein schneller Schuss.* Die Eindeutigkeit und Entschiedenheit, mit der davon abgeraten wurde, in irgendwelche Verhältnisse einzutreten (oder länger, als es sich irgendwie vermeiden lässt, in ihnen auszuharren), in denen einem Schaden zugefügt wird, konnte ich offensichtlich nicht selbst produzieren.

In ihrer Schlichtheit und dem fehlenden Raffinement, in den spärlichen Referenzen auf etwas anderes als ihre eigene

---

* »Seeking Wisdom« wird die Person genannt, deren Brief der letzte ist, der in *Tiny Beautiful Things* publiziert ist. Sie fragt, was »Sugar« ihrem jüngeren Selbst raten würde. »One hot afternoon during the era in which you've gotten yourself ridiculously tangled up with heroin, you will be riding the bus and thinking what a worthless piece of crap you are when a little girl will get on the bus holding the strings of two purple balloons. She'll offer you one of the balloons but you won't take it because you believe you no longer have a right to such tiny beautiful things. You're wrong. You do.« (Strayed, *Tiny Beautiful Things*, Pos. 4201.) Die Winzigkeit der Geste und die Kleinheit des Mädchens, das diese Geste ausführt, sind nicht so einfach auszuhalten. Sie machten sich auch gut als Teil eines Werbespots. Sie wären auch dann noch immer anrührend. Ich spreche für mich. Ich habe keine Firewall dagegen. Merci, dass es dich gibt.

Erfahrung leuchteten sie mir ebenso ein, wie sie mich beschämten. Mein Ziel war doch immer gewesen, schlauer zu sein als ein gebrochenes Herz, und zwar vielleicht beginnend mit der Erkenntnis, was für ein abgelutschter Topos das gebrochene Herz ist. Mein Ziel war doch gewesen, nicht ansprechbar für das zu sein, was offenbar zu allen sprach. (Die mit 371 Textmarkern beliebteste Stelle in *Brave Enough*, der Digest-Version von *Tiny Beautiful Things*, lautet: »Maybe you have to know the darkness before you can appreciate the light« und befindet sich auf Seite 5 des Buches).

Bereits als Kind hatte ich gelernt, Trivialliteratur zu verachten, die in der Familie mit dem Satz »›Sie sind mir ein Halbgott, Graf Bodo‹, wogte ihr Busen« für immer abmoderiert wurde. Das vermutlich selbst ausgedachte Zitat diente als Beispiel für die typische Diktion von Büchern, die nicht gut genug und zugleich oder gerade deshalb lächerlich waren. Eine andere, gern als Familienfolklore vorgetragene Geschichte handelte von meiner Urgroßmutter, die in der Stadtbücherei mit dem Wunsch nach einer Buchempfehlung vorstellig wurde: »Haben Sie nicht vielleicht so was, wo jemand am Anfang nur ein Ei und am Ende eine Hühnerfarm hat?« Das war keine Kunst. Eine antrainierte Ablehnung dessen, was als Massengeschmack gilt, kann später durch einen neuen, informierten Zugriff auf diesen Massengeschmack, der durch diverse Ironiefilter gegossen wurde, abgemildert oder invertiert werden (*Camp* funktioniert so).

Nicht zu unterschätzen ist aber auch die Scham, sich *wirklich* dem zu überlassen, was man sich als den Geschmack der anderen bislang vom Leibe gehalten hat. Der Musikjournalist Carl Wilson hat in seiner Monografie zu Céline Dions 1997er-Album *Let's Talk About Love* darüber geschrieben, wie er es auch nach einer mehrmonatigen Auseinandersetzung mit diesem Album und dem sehr ernsthaften Versuch, sich zu einem Dion-Fan umzuerziehen, nicht schaffte, keine Scham mehr vor den Nachbarn zu empfinden, die mitanhören konnten, wie er sich einer Konfrontationstherapie mit *My Heart Will Go On* unterzog. »Scham kann einen ganz existenziell zurückwerfen, auf die unerträgliche Wahrheit, dass man identisch mit sich selbst ist, und dass man durch die eigenen Grenzen bestimmt wird. Das geht unmittelbar mit dem Gefühl einher, unvollständig, im Unrecht, unendlich mangelhaft zu sein. Es ist die genaue Umkehrung des aufbauenden Eindrucks, den man von sich selbst ansonsten durch die eigenen Vorlieben und Abneigungen gewinnt. Es ist demütigend.«[30] Wilson schickt uns wieder auf den Boden, in den Clinch mit dem Verhältnis zum eigenen Geschmack und den Gefühlen, die damit verbunden sind. Sie sind nichts anderes als geronnene und verfestigte Erinnerungen daran, mit welchen Trainingsszenarien das Erlernen des Geschmacks zu tun hat. Ganze Soziologien handeln davon. Sie erreichen die Voraussetzungen der Geschmacksbildung in Klassen- und Milieuzugehörigkeit. Sie erreichen nicht die intimsten Momente des Konsums von Texten, Musik, Filmen, sie erreichen nicht die Person, die *trotzdem* kathartisch zu Céline Dion schluchzt.

Diese Person kenne ich gut. Ich war daran gewöhnt, mir schmalzige Musik heimlich anzuhören, auf meinem Walkman über Kopfhörer, dafür aber wieder und wieder. Parallel hatte ich gelernt, Vertrauen zum Opaken zu fassen, zu Musik, die mir wenig sagte und Texten, die ich nicht verstand. Nichts an ihnen würde versuchen, mich an leicht ersichtlichen emotionalen Schmerzpunkten zu berühren und zu manipulieren. Ich würde versuchen müssen, etwas zu verstehen und durchzudenken. Das tat ich, ich studierte und lernte und verstand, verstand insbesondere, was ich nicht verstand und noch lernen muss. Den Rest ironisierte ich.

Tiny Beautiful Things zu lesen, war wie eine Rückkehr zu den Stunden des ständigen Zurückspulens zum immer gleichen Lied. Das ständige Ansteuern der immer gleichen Sätze, Ermutigungen, die für andere, mir völlig unbekannte Personen in mir völlig unbekannten Lebenslagen gedacht waren. »Accept that sorrow and strife are part of even a joyful life.«[31] Sicherlich. Fest steht auch: Keiner dieser Sätze ist ironisch gemeint. Diejenigen, an die sie gerichtet waren (die Empfängerin des eben zitierten Satzes ist voller Wut und Enttäuschung über eine Affäre ihres Mannes) suchen nicht nach Eigentlichkeit.

»Ich wollte Ihnen noch zwei Dinge sagen: Ironie: Lassen Sie sich nicht von ihr beherrschen, besonders nicht in unschöpferischen Momenten. In schöpferischen versuchen Sie es, sich ihrer zu bedienen, als eines Mittels mehr, das Leben zu fassen. Rein gebraucht ist sie auch rein und man muß sich ihrer nicht schämen; und fühlen Sie sich ihr zu vertraut, fürchten Sie die wachsende Vertraulichkeit mit ihr, dann wenden Sie sich an große und ernste Gegenstände, vor denen sie klein und hilflos wird. Suchen Sie die Tiefe der Dinge: dort steigt Ironie nie hinab [...].«[32] Rilke empfiehlt Kappus eine rhetorische Figur, deren Kraft nicht zuletzt (aber auch nur unter anderem) darin besteht, große Gefühle zurechtzuschrumpfen, einen Schutzwall aufzuziehen zwischen wirklicher und wörtlicher Bedeutung, er empfiehlt Kappus eine Figur, die alle Bälle im Spiel hält, die keine Bedeutungsschwere zulässt, weil sie dagegen antritt, Bedeutung überhaupt als fixiert zuzulassen.

Im Sommersemester 2009 hörte ich in einer Ringvorlesung an der Berliner Humboldt-Universität einen Vortrag des Germanisten Ernst Osterkamp, der über den Dreifachpunkt als literarisches Stilmittel sprach. Im Zentrum des letzten Teils stand Rilkes Satzzeichengebrauch. Osterkamp erfreute sich daran, Rilke als Verfasser von »Pennäler- und Studentenpoesie« zu dekonstruieren, was sich insbesondere an der erbärmlich-pathetischen Verwendung des Dreifachpunktes zeige.* Rilkes Gebrauch des Dreifachpunkts galt Osterkamp als »Medium der prätentiösen Bedeutungserschleichung«, als bloße Behauptung einer sentimentalen Tiefe, mit der eigentlich nur fehlende gedankliche Schärfe akzentuiert wird. Der Vortrag war eine große Beschämung. Einerseits des Dichters Rilke, der aus verständlichen Gründen nicht anwesend sein konnte, um sich zu rechtfertigen, und andererseits derjenigen, deren Vorliebe seinen Versen gilt. Mein 20-jähriges lyrisches Ich war noch ganz in der Nähe, die *Briefe an einen jungen Dichter* las ich noch immer gern.

An die Beschämung von damals hatte ich nicht gedacht, als ich einige Jahre später an der Universität Frankfurt ein

---

*»Dass man die drei Auslassungspunkte in massiven Ballungen in Rilkes Frühwerk von *Larenopfer* bis zu *Mir zur Feier* findet, wird niemand wundern, denn diese erschütternd unreifen Gedichte sind tatsächlich Schmock, und es würde mich nicht wundern, wenn Adorno bei seinem Verdikt über die drei Punkte, ›mit denen man in der Zeit des zur Stimmung kommerzialisierten Impressionismus Sätze bedeutungsvoll offen zu lassen liebte‹, an den frühen Rilke gedacht hätte.« (Ernst Osterkamp, »Drei Punkte. Capriccio über ein Ärgernis«, in: Alexander Nebrig, Carlos Spoerhase (Hg.), *Die Poesie der Zeichensetzung. Studien zur Stilistik der Interpunktion*, Bern 2012, S. 239–258, hier: S. 255). Osterkamp rühmt gleich zu Beginn des Vortrags Adornos Gnadenlosigkeit, die »genussvolle Vollstreckung des Todesurteils« über die drei Punkte, um sich dieser Scharfrichterhaltung sogleich anzuverwandeln. Zugleich gibt er in einer Anmerkung auf der ersten Textseite zu verstehen, nur zu improvisieren. Am Ende steht man vor dem geschlachteten Dichter und keiner ist es gewesen.

Seminar zum Thema Ironie anbot, das unausgesprochen von der Annahme ausging, dass Ironie generell eine rhetorische Figur und auch eine Haltung sei, auf die man sich in erster Linie affirmativ bezieht. Mir war nicht entgangen, dass es Bewegungen neuer Innerlichkeit und selbstoffenbarender Aufrichtigkeit gibt, für die Ironie keineswegs ein wünschenswerter Modus zum Schreiben, Denken, Handeln ist. In einem anderen Seminar hatte ich in zwei Sitzungen und mit viel Mühe David Foster Wallaces Aufsatz *E Unibus Pluram* mit Studierenden gelesen, der Ironie als aus dem Fernsehen der 1990er-Jahre kommende Seuche behandelt, die das literarische Schreiben quasi irreparabel beschädigt habe. Ich war dennoch weiter der Auffassung, dass man auf Ironie nicht verzichten könne, als Schutzschild vor den Zumutungen einer Direktheit, die von Langeweile nur schwer zu unterscheiden ist.

Mit dieser Auffassung stand ich im Seminar, das von etlichen Studierenden besucht wurde, die später einmal als Grundschullehrerinnen und -lehrer arbeiten würden, eher allein da. Ironie sahen sie allein als Risiko für Verständnisschwierigkeiten in der notwendigerweise asymmetrischen Kommunikation mit ihren Schülerinnen und Schülern, andere betrachteten sie vor allem als ein Vehikel für Witze, deren Zusammenhang mit Humor nicht immer eindeutig war; eine weitere Gruppe von Studierenden hatte vor allem ethische Bedenken gegenüber einem Sprechen, bei dem es nicht stets und ständig gelingt, eine wörtliche und eine angenommene *wirkliche* Bedeutung zur Deckung zu bringen. Für die Auffassung, dass genau das fallweise wünschenswert sein könnte, konnte ich keine Zustimmung gewinnen. Meine fehlende Überzeugungskraft nahm ich als großes Versagen vor all meinen ironisch gestimmten Vorbildern (darunter auch David Foster Wallace) wahr.

Es ist relativ einfach, auf einem beinahe noch kindlichen Bedürfnis nach Ernsthaftigkeit herumzutrampeln. Die Ernsthaftigkeit von sehr jungen Leuten, und vielleicht vor allem von solchen, die sich überlegt haben, dass sie entweder beruflich dichten oder aber sterben möchten, ist allerdings zu gleichen Teilen anrührend und schwer auszuhalten. Wer weniger jung ist, wünscht sich vielleicht auch schlicht, seinem Dichterberuf unter weniger dramatischer Begleitmusik nachzugehen, es ist ja alles schon schwer genug. »Der österreichische Dramatiker Arthur Schnitzler, der Rilke auch persönlich kannte, hatte schon sehr früh die erste Auflage des Buchs in den Händen und notierte in sein Tagebuch am 14. Januar 1930: ›schön, tief; – und doch – man muss hier sagen ›irgendwie‹ – ein heilloses Geschwätz.‹ Den arrivierten Autor konnten Rilkes Ratschläge nicht mehr beeindrucken.«[33]

An Strayed alias »Sugar« haben sich keine Leserinnen und Leser gewandt, die weinend eine ästhetische Erfahrung bei der Entgegennahme eines Taschentuches machen wollten. Bei Lektüren wie der von *Tiny Beautiful Things* geht es nicht um den Neuheitswert dessen, was man nachliest, sondern um den Rückgewinn einer Sicherheit, die durch Angst und Kummer und Trauer prekär geworden ist. »Während literarisches Lesen überrascht und erschüttert, bestätigt und verfestigt erbauliche Lektüre, wobei sich im Freiraum zwischen den Polen der unendlichen Konkretisierungsmöglichkeiten und dem unbestrittenen Glaubensfundament die Individualität der Lektüre und die Subjektivität der Erbauung ergibt. Das bedeutet auch, daß ein und derselbe Text immer wieder neu erbaulich gelesen werden kann, weil ihn das Individuum neu mit subjektivem Sinn füllt, ohne dadurch, wie bei der ästhetischen Lektüre, seinen Wahrnehmungshorizont zu verschieben. Erbauliches Lesen verstört nicht, es versöhnt.«[34]

Geschrieben haben an Strayed solche, die auf der Suche nach Sätzen waren, die ihnen dabei helfen sollten, sich mit ihrem jeweiligen *clusterfuck** zu versöhnen und aus dieser Versöhnung Schritte in eine ihnen noch unbekannte Richtung abzuleiten. Es gehört einiges dazu, in der Öffentlichkeit des Kummerkastens einer Literaturwebseite bei einer einem völlig unbekannten Person genau danach zu suchen. Ihr zu glauben fällt vielleicht nur deshalb leichter, weil ihr anders als Freundinnen und Freunden, die vielleicht als wohlmeinend, keinesfalls aber als neutral gelten können, keine Befangenheit unterstellt werden kann. Die Subjektivität der Erzählungen, die »Sugar« anbietet, richtet sich nicht nach Neutralitätsgeboten.

Strayed hat als Beraterin für Teenager aus schwierigen Verhältnissen gearbeitet, als Kellnerin und als Autorin. Sie spricht oft davon, wie sehr sie nach dem Tod ihrer Mutter getrauert hat. Manchmal schreibt sie über ihren eigenen Mann und die gemeinsamen Kinder. Reicht das als Qualifikation für ihre Ratschläge aus? Immerhin ist ein Leben als Mensch kein Ausbildungsberuf. Strayeds Kolumne wirft Fragen auf. »Are you a therapist or have you gone through extensive psychotherapy? – I'm not a therapist, and I've only seen a therapist a handful of times in my life. Which means, in technical terms, I'm totally

---

* Was Strayed in der kurzen Zeit hörte, als sie als Beraterin für junge Mädchen aus schwierigen sozialen Verhältnissen arbeitete: »Endless stories of abuse and betrayal and abscence and devastation and the sort of sorrow that spirals so tightly into an impossible clusterfuck of eternal despair that it doesn't even look like a spiral anymore.« Strayed, *Tiny Beautiful Things*, Pos. 353.

unqualified for this gig.«[35] Es fehlt weniger die Qualifikation als deren systematischer Erwerb. Biografie, zumal Autobiografie, wiegt schwerer.

Dabei handelt es sich allerdings nicht um einen antiakademischen Impuls gegen ausgebildete Psychotherapeutinnen und -therapeuten, die Strayed oftmals empfiehlt. Es gehört vielmehr zu den am besten etablierten Topoi von Trostbriefen, dass die Autorin eingesteht, dass sie nicht in der Lage ist, ausreichend oder überhaupt Trost zu spenden.

In einem der wenigen derzeit gängigen Briefratgeber aus dem Dudenverlag ist der Trost marginalisiert, er findet sich lediglich im Kapitel über Kondolenzschreiben wieder, das allerdings zunächst mit dem Hinweis beginnt, dass die Verwendung von Papier mit schwarzem Rand den Angehörigen der verstorbenen Person vorbehalten ist. Als Trostangebot firmiert hier der Vorschlag eines unterstützenden Telefonats;[36] ergänzend finden sich ein Zitat von Dietrich Bonhoeffer und eines von Jean Paul unter Mustersätzen, die Anteilnahme ausdrücken sollen. Bonhoeffer und Jean Paul haben in Kontexten, über die im Duden nicht mehr zu erfahren ist, festgestellt, dass schöne Erinnerungen nicht verloren gehen und ein wichtiger Besitz sind. *But compassion isn't about solutions, it's about giving all the love you've got.*

Aber wie *genau* macht man das? Otto Rammler gibt Hinweise: »Die Trostgründe müssen das traurige Ereignis selbst, die Klugheit und die Kenntnis des Herzens dessen, an den man schreibt, an die Hand geben. Häufig spricht sich darin die Theilnahme so aus, daß man selbst des Trostes bedarf. Mit Erfolg zu trösten erfordert viele Geschicklichkeit; immer hängt dies hauptsächlich von unserer Stimmung und Theilnahme ab. Je inniger wir an dem Geschick des Freundes theilnehmen, desto lebendiger wird sich diese Theilnahme als Trost oder Mitgefühl aussprechen. Vermögen wir also auch nicht so zu trösten, daß wir den Freund vollkommen beruhigen, so wird doch schon unser ungeheucheltes Mitgefühl auf ihn wohlthätig einwirken. Man zeige den Trost-Bedürfenden, daß ihr Schmerz billig und gerecht sey, und ist es ein Unglück, von welchem man sagen kann, daß sie es nicht verdient haben, so lasse man dies nicht unerwähnt. Man muß mit Trauernden nicht lange über den Gegenstand reden, welcher sie in Leid versetzte, und daher bei Trostbriefen sich der möglichsten Kürze befleißigen.«[37] Erbauung in Sentenzen ist der beste Trost: Ihren Schmerz kennen die Trauernden selbst schon gut genug.

Über Rammler, ein Pseudonym des Verlegers Otto Wigand, ist neben der Tatsache, dass er in seiner Druckerei die erste Auflage von Marx' *Das Kapital* drucken ließ, vor allem bekannt, dass er ein ausgesprochen enzyklopädisches Temperament hatte. Abgesehen von seinem *Universal-Briefsteller* war er unter anderem auch an einem *Fabelschatz* und an einem *Hausschatz* beteiligt. Letzterer sollte als »Quelle des Reichthums und der Wohlfahrt für Jedermann« dienen, es geht dann auch direkt los mit einem Abschnitt über den »Himmel und seine Wunder«.[38] Zu dem Begehren, volkspädagogisch tätig zu werden, gehörte eben auch ein Leitfaden, wie man überhaupt mit anderen Menschen schriftlich in Kontakt treten könne. Wigand wurde 1795 in Göttingen geboren und starb 1870 in Leipzig, wo er auch lebte. Als Briefratgeber trat er erstmals 1834 in Erscheinung; sein Werk erreichte bis 1907 ganze 73 Auflagen. Die letzte davon tritt mit einem sehr selbstbewussten Vorwort auf, das nahelegt, dass die alltägliche Briefkommunikation ohne den *Universal-Briefsteller* in diesem Zeitraum anders ausgesehen hätte: »Zum dreiundsiebzigsten Male zieht der ›Rammler‹ hinaus in die Welt; in alle

Lande, wo Deutsche wohnen, hat er mit über 300 000 Exemplaren seinen Pilgerstab gesetzt und ist ein lieber Gast geworden in ebensoviel Häusern. Seine Wandertasche ist im Laufe der Jahrzehnte immer größer und umfänglicher geworden und nach dem alten guten Wort: ›Wer vieles bringt, wird Jedem etwas bringen‹, hofft er zu den alten Freunden neue zu gewinnen und, wo er einst den Voreltern und Vätern gedient hat, wird er nunmehr von Kindern und Enkeln willkommen geheißen werden.«[39]

Das war im Jahr 1907 das letzte Mal der Fall. Rammlers allgemeine Hinweise dazu, wie man nun trösten solle, fallen eher knapp aus. In dem oben genannten Zitat sind sie schon fast vollständig wiedergegeben. Wichtiger als der allgemeine Teil ist der beispielgebende. Dabei bezieht »der Rammler« seine Beispiele jedoch nicht aus der individuellen Biografie des Autors, sondern weicht auf vorbildliche Briefe aus, von denen einige nicht nur von vorbildlichen, sondern sogar berühmten Autoren sind: Schiller an Wilhelm von Wolzogen, Rudolstadt den 10. August 1788, Anlass ist der Tod von Wolzogens Mutter; Johann Heinrich Voß an »Schulz« am 20. Juni 1788: »Kommen Sie, sobald Sie können, in unsre Arme.«

Rammlers allgemeinen Hinweisen folgen eher die anonymen Briefe, die weniger aufgrund der Dignität der Verfasserinnen und Verfasser abgedruckt sind, sondern aufgrund ihrer Erfüllung der Rammler'schen Regeln und der Varietät ihrer Anlässe. Kondolenzschreiben dominieren, dabei wird auf verschiedene Fälle von Verlust Rücksicht genommen, Beispiele finden sich zu Schreiben, die den Tod der Gattin, des Gatten, der Kinder oder der Eltern betreffen. Es sind diese Briefe, die am stärksten den performativen Selbstwiderspruch aufweisen, den Strayed knapp hundert Jahre später wiederholte (vermutlich ohne dass sie davor »den Rammler« zu Rate gezogen hatte): Eigentlich kann ich das hier gar nicht.* Weniger stark ausgeprägt ist diese Konvention in anderen Trostschreiben. Bei Rammler findet sich auch ein Musterbrief zum Trost über Liebeskummer** sowie einer, der die Enttäuschung über eine erfolglose Bewerbung mindern soll;*** nicht zu vergessen das »Trostschreiben an einen Freund,

---

* Hier eine Auswahl von Trost durch Betonung der eigenen Inkompetenz und Verweis an eine höhere Instanz: »Kann Dich diese meine innige Theilnahme trösten, so wird Dir dieser Brief allerdings einigen Trost gewähren, aber bessere Trösterinnen sind die Religion und die Zeit und auf ihren Balsam will ich Dich darum mit Deinen Schmerzen verweisen.« (S. 245); »Der Tod Ihres Gatten und Ihre traurige Lage geht mir sehr zu Herzen. Es wird mir sehr schwer, Sie zu trösten, da ich selbst Trost bedarf, weil ich in Ihrem trefflichen Gatten meinen besten Freund verloren habe. Unbegreifliches Verhängnis!« (S. 246); »ich bin unfähig, Sie über diesen Tod zu trösten, denn ich empfinde ihn selbst viel zu schmerzlich mit Ihnen.« (S. 246); »Ich muss bekennen, daß die Größe Ihres Verlustes, den Sie durch den Tod Ihrer Frau Mutter erlitten haben, mich zweifeln macht, ob ich darüber trösten kann.« (S. 247); »Der Verlust Deiner Tochter, die Du durch die unglückseligen Blattern eingebüßt hast, ist auch für mich sehr schmerzhaft. Ich nahm mir vor, Dich in Deinen Leiden nach Möglichkeit zu trösten, allein ich habe mich getäuscht, und bin unfähig, dir Trost zu geben [...].« (S. 248).

** »Dein unschuldiges Herz hatte den Gegenstand seiner ersten Liebe mit einer Schwärmerei erfaßt, welche die Grenzen der Möglichkeit überschritt. Du liebtest nicht einen schwachen Sterblichen, nur ein hohes geistiges Wesen; erhaben über alle Schwächen, war er Deinem Herzen ein Gott. Diese Täuschung konnte nicht ewig bestehen [...].« Rammler, *Universal-Briefsteller*, S. 251.

*** »Meine Hoffnung, Ihnen die bewußte Stelle zu verschaffen, ist fehlgeschlagen, und die Stelle ist Ihrem Mitbewerber zu Theil geworden. Es thut mir leid, dieß melden zu müssen, denn ich nehme so herzlichen Antheil an Ihnen, daß ich Ihre Hoffnung zu der meinigen gemacht hatte.« Rammler, *Universal-Briefsteller*, S. 249.

der durch eine Feuersbrunst Haus und Hof verloren hat«: »Mit dem bereitwilligsten Herzen eile ich Ihnen mit meiner Hilfe entgegen. Sie bedürfen derselben sehr schnell.«[40]

Seinen letzten Brief an Rilke schreibt Franz Xaver Kappus am 5. Januar 1909 in Süddalmatien. Seit dem ersten Austausch 1903 ist Kappus' Lage nicht viel besser geworden: »Eins quält mich vor allem: Ich schrieb und schreibe viel, das ich nicht schreiben muss. Das nicht in meinem Herzen geboren wird und überhaupt nicht hinabsteigt in die Region, aus der alles geboren werden soll. Es sind kleine, dumme Geschichten, humoristische oder satirische zumeist, an denen nur mein Verstand beteiligt ist.«[41] Beigefügt sind einige Gedichte, die ähnlich wie der Brief selbst an vielen Stellen Rilkes Stil imitieren: ... Kappus schreibt in beiden Genres darüber, wie einsam er ist, aber diese Einsamkeit scheint nicht der Lyrikkatalysator zu sein, auf den er hofft und den Rilke ihm empfohlen hat. Vielmehr wird er dadurch nur weiter an die von ihm begehrte Sängerin erinnert, die er nicht haben kann. Er bittet Rilke zum Schluss um weitere Literaturempfehlungen, er möchte einen französischen Dichter lesen (dieser Bitte wurde nicht stattgegeben). Der Brief schließt mit einem Dank und einer Entschuldigung für »das oder jenes, was in diesem Briefe zu viel gesagt war«, schuld sei auch hier wiederum die Einsamkeit.

Die Frage: »Muss ich schreiben?«, die Rilke Kappus ins Heft diktiert hatte, beantwortet Kappus mit einem Ja, das für ihn selbst noch nicht erkennbar scheint, weil er seine Briefe angeblich nicht als Schreiben von Literatur betrachtete, allein wichtig seien die Briefe Rilkes, schreibt er in seinem Vorwort zur ersten Edition im Jahr 1929. Erich Unglaub, der als Herausgeber Kappus' Briefe überhaupt zum ersten Mal in einer Edition mit den

Briefen Rilkes in einem Buch gemeinsam publizierte, vermutet, dass Kappus seine Briefe nicht dem Vergleich mit denen Rilkes aussetzen wollte. Das ist sehr schade. Kappus' Kommunikation ist sehr bedürftig, sie ist vor allem aber nicht unbedingt ausschließlich an Rilke gerichtet. Kappus kannte zwar Rilke, aber wäre ihm ein anderer Autor, den er bewunderte, zur gleichen Zeit in die Hände gefallen, hätte er vielleicht diesem geschrieben. Dieser *double bind* in der Adressierung macht diese Briefe sehr haltbar und begünstigt diverse Anwendungsfelder. »Lady Gaga ließ sich 2009 eine Passage aus dem ersten Brief [Rilkes, H. E.] auf den linken Oberarm tätowieren mit der Begründung, sie sei eine Anhängerin seiner ›philosophy of solitude‹, nicht aber seiner Lyrik. Für bedeutsam hält sie den letzten Satz des tätowierten Zitats: ›Muss ich schreiben?‹ [...] ›Schreiben müssen‹ ist darin zu einer Metapher für kreatives Kunstschaffen in allen Genres und über sie hinaus bis zum Überschreiten von traditionellen Grenzen und Normen geworden.«[42]

Unter der Überschrift »The Future Has an Ancient Heart« findet sich der Brief einer Collegedozentin, die mit ihren Studierenden ein paar *Dear Sugar*-Kolumnen gelesen hat, um sie zu ermutigen, nicht zu viel auf all diejenigen zu geben, die ihnen raten, mit einem Bachelor-Abschluss in Englisch nun noch sehr gut ein Jurastudium absolvieren zu können. Sie bittet »Sugar« um eine *commencement address*, also eine Rede, wie sie bei den Abschlussfeiern an amerikanischen Universitäten üblich ist. Strayed zitiert an deren Anfang die titelgebende Zeile, die einem Gedicht von Carlo Levi entstammt. Daraus entwickelt sie eine dem Anlass entsprechende Perspektive auf die zukünftige Verwirklichung eines grundsätzlich angelegten Potenzials; sie schreibt über die Jugend, die man selbst nicht wertschätzen könne, und über das

Alter, von dem man nicht wisse, ob man es erreichen werde. Immerhin ist ihre eigene Mutter gestorben, noch bevor sie ein erst im Alter von vierzig Jahren begonnenes Studium beenden konnte. Die Dozentin, die ihr geschrieben hatte, bot ihr als Honorar für die *commencement address* unter anderem einen Kuchen an, Strayed wünscht sich zum Ende ihrer Antwort eine Bananencremetorte. Zuvor hatte sie einen sehr hohen Ton angeschlagen: »Let whatever mysterious starlight that guided you this far guide you into whatever crazy beauty awaits.« Das Genre *commencement address* scheint die Vortragenden häufiger in kosmische Dimensionen zu tragen.

Strayed kündigte in ihrem Newsletter vom 27. Oktober 2020 an, dass sie eine Neuauflage von *Dear Sugar* plane.[43] In der folgenden Ausgabe vom 11. November 2020 thematisiert sie, dass die Kolumne vermutlich die bedeutungsvollste Arbeit gewesen sei, die sie als Autorin jemals geleistet habe.[44] Es ist davon auszugehen, dass die Tatsache, dass sie sich nun nicht mehr hinter einer anonymen E-Mail-Adresse eines Online-Literaturmagazins verbirgt, die Art und Weise ändern wird, wie ihr Leute schreiben, die nicht nur ihre vorangegangenen Kolumnen, sondern auch ihre Romane, ihr Instagram-Profil, ihren Twitter-Account, ihr Substack, die Verfilmung von *Wild* und diverse Interviews mit ihr kennen. Die Projektionen und Hoffnungen, die nun diejenigen in ihre Briefe legen werden, die sich an Strayed wenden, gleichen nun vermutlich stärker denjenigen, die Kappus auf Rilke richtete. Um die eigentlich kosmische Dimension dieser Operationen zu ermessen, muss man keine Sternbilder bemühen. Sie besteht eigentlich allein in dem Gedanken, dass Trost in den Texten von Fremden liegt, und zwar in den Texten, die sie einem geben, aber mehr noch in denen, die man für sie schreibt.

Auf Abruf

Ich hab gehört, nur eines sei möglich: Entweder du glaubst daran, dass man beim Lesen eines Textes eine Stimme hört, die Stimme der Autorin oder des Autors, die ebenso wie ein Gesicht dazu in der Lage ist, zurückzublicken, Gefühle auszudrücken oder zu verbergen.* Oder aber du glaubst das alles nicht und weißt, wie es zu diesem physiognomischen Irrglauben gekommen ist, und dann weißt du auch, dass er naiv ist:** So wie Kinder noch nicht genau unterscheiden können zwischen der aufgezeichneten Synchronstimme einer Figur in einem Zeichentrickfilm, der Figur selbst und dem Menschen, der der Figur ihre Stimme gibt. In dieser Phase ist alles ein und dasselbe. Glückliche Zeit, in der sprechende Katzen und singende Kerzenleuchter nur ein

---

* »Die Natürlichkeit des Menschen (des sprechenden Gesichts) vorstellend stellen Anthropomorphismen (de Man 1988, S. 186/187) jene figurativen Operationen und Ersetzungen still, die sie erst hervorbringen. Der Anthropomorphismus des sprechenden Gesichts ist die naturalisierende Realisierung der Voraussetzung, die alle verstehen macht, der Voraus-Setzung eines *Gesichts* für die Rede, das die sprachliche Produktivität figuriert und *verhehlt.*« Bettine Menke, »Die Rhetorik der Stimme«, in: Friedrich Kittler u. a. (Hg.), *Zwischen Rauschen und Offenbarung. Zur Kultur- und Mediengeschichte der Stimme*, Berlin 2008, S. 115–132, hier: S. 129.

** »Die Stimmen der meisten nach 1950 publizierten Autoren haben wir – wie phantasmatisch auch immer – im Ohr, mit der Folge, daß wir kaum noch einen Text lesen können, ohne daß eine imaginäre Tonspur mitläuft.« Reinhart Meyer-Kalkus, *Stimme und Sprechkünste im 20. Jahrhundert*, Berlin 2001, S. 460.

winziger Ausschnitt aus einer universalen Animation waren, in der jedes Ding sein eigenes Gesicht hat. Wo man sich auch hinwendet: Alle Welt singt dein Lied. Mit dem Verständnis von Medientechnik sinkt die Bezauberungswahrscheinlichkeit ab. Das hat auch Vorteile.

In einem Video aus dem Jahr 2006 sieht man David Foster Wallace bei einer Lesung auf Capri, er trägt ein weißes Bandana mit schwarzem Muster, sein Markenzeichen. Das Bandana war für lange Zeit der Haupthinderungsgrund, mich überhaupt mit dem Autor zu beschäftigen. David Foster Wallace, das ist ›der mit dem Bandana‹, so hatte sich das Bild des Autors über seine Texte gelegt, deshalb konnte ich seine Stimme nicht hören und wollte seine Geschichten nicht lesen, und dass das keine sehr originelle Idiosynkrasie war, merkte ich viel später. Alle, die Wallace kennen, kennen dieses Bandana, und vermutlich sollte das auch so sein.* Erst nachdem D. T. Max in einem Essay im *New Yorker* kolportiert hatte, dass der Autor während seiner Schulzeit ein Handtuch in den Nacken zu legen pflegte, das ihn als Tennisspieler auswies, eigentlich aber dazu da war, den Angstschweiß des Depressiven aufzusaugen,[1] hatte ich den Eindruck, möglicherweise sei doch etwas in seinen Texten zu finden, möglicherweise gäbe es doch einen Sicherheitsabstand zwischen ihm und

---

* In der Abneigung dagegen ist es bisweilen noch leichter, sich über den Autor zu verständigen, als in einer ausführlichen Diskussion seiner Texte, ihrer Rezeption und Vorläufer, vgl. bspw. Christiane Frohmann, »Bros & Bookishness & Bandana: Anlässlich des zehnten Todestages von David Foster Wallace«, 12. September 2018, {www.orbanism.com/frohmann/fraufrohmann/2018/bros-bookishness-bandana-anlaesslich-des-zehnten-todestages-von-david-foster-wallace}, letzter Zugriff 17.02.2021.

den anderen Bandanaträgern, an die ich mich erinnern konnte; eigentlich war aber auch das nur einer, nämlich Axl Rose.

Das Video, das ich meine, ist beispielsweise über die Suchanfrage »Conversazioni David Foster Wallace«[2] zu finden, über die Suchanfrage »I'm a failure Wallace« gelangt man ins Nichts – und dass ich zuletzt dabei scheiterte, auf diese Weise ans Ziel zu gelangen, passt ja ganz gut. Wallaces Haar, beziehungsweise der Teil seines Haars, der nicht durch das Bandana stillgestellt ist, weht im Wind, er beginnt zu sprechen und seine Rede ist mit italienischen Untertiteln unterlegt, was dem Ganzen die Qualität einer Opernübertragung im Fernsehen gibt. Wallace spricht Englisch und beginnt mit der Selbsterniedrigung eines jeden berühmten Autors, der vor Publikum Auskunft über sein Werk oder überhaupt über die schriftstellerische Arbeit gibt, aber aus einer intellektuellen Spezialeitelkeit um jeden Preis Arroganz vermeiden möchte.

Seine Sprechstimme ist angenehm. Ruhig plaudernd reißt sie nicht vor Aufregung nach oben aus, nur manchmal atmet er etwas heftig und presst Wörter raus, die er in dem dialektfreien Amerikanisch vorbringt, das mit Fulbright-Stipendien und Graduiertenseminaren in Verbindung zu bringen vor allem auf den Weg der Zuhörenden zum Autor verweist.

Wenn ich Wallace höre, spricht jemand in einer Fremdsprache zu mir. Mein Englisch reicht dafür aus, aber es ist nicht meine Muttersprache, ich kann nicht hören, ob es doch einen Hauch dialektaler Einfärbung in seiner Stimme gibt, und falls ja, was diese verraten könnte. Wallace spricht in diesem Video also davon, ein Versager zu sein, und alle, die andere Muttersprachen als seine sprechen und schreiben, schnauben vor sich hin: Denn mindestens in Wallaces Englisch ist keinerlei Versagen festzustellen, es schnurrt ebenso vor sich hin wie seine Karriere, deren Verlauf ihn genau zu dieser Veranstaltung gebracht hat. Des einen Schnurren ist der anderen Versagen, das ist das Tauschgeschäft dieses Videos.

Unter den Voraussetzungen des »Heute« meines Textes ist nicht leicht zu verstehen, worin die Selbsterniedrigung dieses Auftritts in seinen Augen besteht. Zu diesen Voraussetzungen gehört all das, was man über Wallace nun wissen kann, beispielsweise dass er zum Zeitpunkt der Videoaufnahme auf Capri bereits der Autor von einem Roman war, der alle anderen Romane, gewissermaßen also DENROMANANSICH übersteigern sollte (*Unendlicher Spaß*). Seinen Ruhm vergrößerten einfacher zu lesende Reportagen, Storys und Essays über populäre Themen von Porno-Convention bis Humor bei Franz Kafka, überhaupt vor allem Kurzstreckensachen.* Angereichert wird die Geschichte durch die Details seiner Biografie, die dem Label des Genies noch das Attribut der Qual hinzufügen.

Jedenfalls spricht er als Erstes über seine eigene Provinzialität, und über den Bildschirm läuft in einer Type, die direkt

* »Er erfand eine radikal neue Erzählstimme, die so erfolgreich war, dass sich Redakteure jetzt darüber beschweren, andauernd Angebote zu bekommen, die ›eine Story über ______ im David-Foster-Wallace Stil‹ erzählen sollen. Wie wir bald sehen werden, führt diese Besonderheit zu einem Werk, das aus einem Netz von Texten besteht, deren Welthaltigkeit die Leser:innen verlockte, immer mehr Wallace zu lesen, mehr von diesem ›literarischen Äquivalent zu Kokain‹, das sie nirgendwo sonst finden konnten.« Ed Finn, »Becoming Yourself. The Afterlife of Reception«, 15. September 2011, S. 2, {https://litlab.stanford.edu/LiteraryLabPamphlet3.pdf}, letzter Zugriff 17.02.2021, Auszug übersetzt von Hanna Engelmeier.

aus einem frühen Videospiel zu stammen scheint, die italienische Übersetzung »non sono come gli altri scrittori che sono venuti qui, non viaggio molto« – er sei nicht wie die anderen Autorinnen und Autoren hier, er reise nicht so viel. Durch seine Unfähigkeit, zu erkennen, wo ein Wort in der Satzmelodie des Italienischen anfange und aufhöre, sei er, Wallace, wieder viel aufmerksamer für die Emotionen geworden, die durch die Sprache transportiert würden, wie ein Baby sei er darauf angewiesen, in Gesichtern zu lesen und darauf zu reagieren, was er aus diesen Gesichtern schlösse. Es gibt Gründe für Misstrauen. Wallace sagt »baby«, aber in der Videospieltype steht »bambino«, was eben kein Baby mehr ist.

Eine Stimme gehört zu einem Gesicht, so die Idee, zumindest zu einem, das man sich vorstellen kann, was aber nicht heißt, dass man auch verstehen kann, was sie sagt, die Stimme, so schiebt Wallace hier unter. Er versage im Italienischen, aber er denke insgesamt eigentlich nicht über die Kategorie des Scheiterns oder Versagens nach. Nicht zu hören ist, ob er vom Moderator des Gesprächs, in dem er sich offenbar befindet, nach Becketts rund gelutschtem »fail better«-Diktum gefragt wurde, der schlimmsten aller Aufforderungen: danach, sich auch noch im Scheitern verbessern zu müssen, es wieder und wieder versuchen zu müssen, um was auch immer dann eben wieder nicht zu schaffen; warum darf man nie einfach aufgeben und schreiend rausrennen? Wahrscheinlich ist sogar das vorgesehen, Beckett kann nichts fürs Rund-gelutscht-Werden.

Die Kamera zoomt kurz danach so zurück, dass man noch eine andere Gesprächspartnerin und den Moderator sehen kann, schon zuvor gibt es einen Schwenk ins Publikum, wohl auch um zu zeigen, dass sich unter den Zuhörenden Zadie Smith und

Jonathan Franzen befinden.* Die Kamera stellt die Multiplikation schriftstellerischer Starpower bereit, aus der eine Gleichung zu ziehen nun für die Zuschauenden, auf deren Kenntnis dieser Starpower man allerdings setzen muss, ein Leichtes sein dürfte. Er denke nicht über das Scheitern nach, sagt Wallace.

Mittlerweile ist der Sprecher für einige so etwas wie ein Heiliger, für andere ist er, und das gehört vielleicht dazu, wenn man für einige ein Heiliger ist, vor allem ein Ärgernis und als Ikone bloß das Symbol eines falschen Verständnisses von Literatur, für homosoziale und potenziell unterdrückerische Verehrungsgemeinschaften.[3] Wie bei allen ernst zu nehmenden Heiligen ist es auch bei ihm so, dass man an ihn glauben muss, damit er etwas für einen bewirkt. Was das in seinem Fall sein könnte, steht nicht nur in gewichtigen Sammelbänden und Texten, sondern auch in einem Zentralorgan der Gläubigen, die »DFW« eine Zeitschrift gewidmet haben. Immerhin hat er den postmodernen Roman auf ein Niveau getragen, von dem er (der postmoderne Roman) sich nicht erholt und deshalb abwirtschaftet, er hat den *New Journalism* noch *newer* gemacht, er hat die Literatur nach Strich und Faden gefußnotet. Es gibt dementsprechende Sprachregelungen: Die anderen Genies, die seine Freunde sind, sprechen von ihm als »David«, oder in der nächsten Intimitätsstufe als »Dave«, siehe seinen Freund Jonathan

---

* »[...] Anstatt seine Tage fernsehend im Hotelzimmer zu verbringen, wie er es ein paar Jahre früher getan hätte, aß er auf der Terrasse Oktopus zu Mittag, trottete zu Dinnerpartys und genoss es sogar, mit anderen Autorinnen und Autoren herumzuhängen. Er überraschte alle damit, vor allem sich selbst. Es gab also eine Art von Spaß, die er vielleicht sogar gern noch mal gehabt hätte.« Jonathan Franzen, »Informal Remarks from the David Foster Wallace Memorial Service in New York on October 23, 2008«, in: Samuel Cohen, Lee Kanstantinou (Hg.), *The Legacy of David Foster Wallace*, Iowa City 2012, S. 177–181, hier: S. 180. Auszug übersetzt von Hanna Engelmeier.

Franzen, der mehr gesundheitliches Glück hatte als »Dave«. Wer leben kann, wird kein Heiliger, wer kein Heiliger ist, darf überleben.

Meine Wallace-Lektüre wurde wie gesagt zunächst durch sein Bandana verhindert. Ich hatte dieses Bild erst ignorieren können, als mich die Nachricht von seinem Tod erreichte. Ich las, dass er sich erhängt hatte, und die Kollegin in der Redaktion, zu der ich unsicher sagte, dass David Foster Wallace sich ja nun umgebracht hätte – unsicher, weil ich nicht wusste, was die Nachricht denn eigentlich bedeutete –, antwortete: Ja, das ist schade. Ein paar Monate später berichtete mir ein anderer Kollege vom Suizid eines guten Freundes, in dem darauffolgenden Gespräch erzählte ich ihm vom Suizid durch Regionalexpress eines Freundes von mir ein paar Jahre zuvor, und wiederum nur wenige Monate später hatte sich dieser Kollege selbst vom Balkon gestürzt, auch all das war nur auf die gleiche Art »schade« wie die unerträglichen Krankheiten, die Leute zum Sterben auf die Balkone und Bahnstrecken treiben.

Manche sehen das anders. Tode dieser Art sind dann auch Lese- und Kaufanlässe für Bücher. Entweder für solche Bücher, die von dem Verstorbenen geschrieben wurden, dem man nun ein für ihn vergebliches Interesse entgegenbringt, oder eben auch für solche Bücher, die dabei helfen sollen, mit diesem Tod zurechtzukommen. Es ist auch möglich, dass sich diese Buchkategorien überschneiden, in diesem Fall war es so.

Zu meinem Geburtstag im Jahr 2009 wünschte ich mir Bücher von David Foster Wallace und erhielt zwei, *Schrecklich amüsant – aber in Zukunft ohne mich* und *Kurze Interviews mit fiesen Männern. Infinite Jest* schaffte ich mir selbst an. Ein Jahr nach dem Suizid des Autors hatte ich alles, was ich von ihm gesehen hatte, so weit wegignoriert, dass ich mit dem Lesen anfangen konnte. Wann ich seine Stimme zum ersten Mal hörte, weiß ich nicht mehr.

Es gibt jedenfalls Gründe dafür, Wallaces Rede vom Versagen mit Befremden wahrzunehmen. Oder man macht es zum zentralen Thema seiner Literatur, wie Clare Hayes-Brady in *The Unspeakable Failures of David Foster Wallace*. Ein Text, bei dessen Schreiben man versagt, sei für Wallace ein guter Text, steht dort. Denn ein Text, an dessen Abschluss der Autor versagt, ist ein unfertiger Text, und ein unfertiger Text erfordert einen neuen, der den Trost bereithält, vielleicht besser als der vorangegangene zu werden. Vor allem aber sind unfertige Texte solche, an denen man noch arbeiten kann, und solange man das kann, ist man lebendig. Ein gelungener und fertiger Text ist einer, der einen einsam zurücklässt, weil es nun nichts mehr zu besprechen gibt, er ist das Ende einer Kommunikation, nicht der Anfang, er ist quasi tot.[4]

Möglicherweise ist es also nur eine Frage des Vokabulars. Wallace erklärte auf Capri, er denke nicht über das Versagen nach, weil es ja ohnehin so viel am Prozess des Schreibens gebe, was sich einem entziehe, beispielsweise die Frage, ob man im Schreiben Lebendigkeit erzeugen könne, »non mi riferisco all'atto pratico ma al fatto che la scrittura prenda vita«, wenn er dann noch über Versagen nachdenke, würde er sehr deprimiert werden, *game over*. Eine Extraportion Lebendigkeit erfährt so ein Text jedenfalls durch die Verkörperung in der Stimme des Autors, der diese Zeilen spricht. Sie helfen beim Lesen dabei, genau diesen Eindruck nachzubilden, »Sprechen in anderem Namen« hat Rüdiger Zymner das Lesen literarischer Texte im Allgemeinen genannt[5] – das klingt so schön, dass ich daran glauben möchte, dass es genau so funktioniert. Überzeugt bin ich jedoch erst einmal vom Einzelfall.

Der Einzelfall, den ich am besten kenne, befindet sich auf meinem Telefon (und an einigen anderen Orten, man kann ja nie wissen). Es handelt sich um eine Videodatei, in der jemand eine

Tonspur von David Foster Wallace über eine dynamische Collage aus Zitaten und ein Foto des Autors gelegt hat. Es handelt sich um eine Aufnahme seiner Rede *This Is Water*, die dabei so bebildert wurde, dass man die 22 Minuten und 44 Sekunden, die Wallace benötigte, um sie vor dem Abschlussjahrgang des Kenyon College/Ohio im Jahr 2005 vorzutragen, eben nicht einfach auf eine dunkle und öde Kachel schaut.* Das Video identifiziert die Stimme direkt mit dem Bild von einem Autor. Dazu gehört, dass ich die Stimme von einem höre, der eigentlich keine Stimme mehr hat, weil er tot ist. Ein Autor bleibt er dennoch.

Das gilt auch für alle anderen: Jede Tonaufnahme einer menschlichen Stimme ist die Spur zu einem potenziell toten Menschen, ganz egal, wie munter diese Person vielleicht gerade noch herumläuft, die Aufnahme ihrer Stimme ist schon Hinweis auf eine Zukunft, in der sie nirgends mehr hingeht. Die Aufnahme als akustischer Abdruck ist nun da, ähnlich wie Babyfüße in Ton gepresst oder in Gips getauchte Mullbinden, rasch noch über das Gesicht eines Verstorbenen gelegt.

---

*Die Version, die ich benutzt habe, verzeichnet im Januar 2021 4,1 Millionen Aufrufe. Es gibt eine sehr viel aufwendigere Version, die vor allem gestresste Großstädterinnen und Großstädter in Supermärkten und im Straßenverkehr zeigt {https://www.youtube.com/watch?v=eC7xzavzEKY}, letzter Zugriff 17.02.2021. Sogar die Fische, von denen später noch die Rede sein wird, schwimmen hier durch die Gegend, es sind Goldfische, also sicher nicht die Fische im Meer, von denen bei Wallace die Rede ist, aber es sind sehr attraktive Fische. Auch hier läuft gelegentlich Text durchs Bild. Zu hören ist die Stimme von Wallace, zu verstehen ist sie teils eher schlecht, da zusätzlich Gitarrenmusik läuft. Dieses Video steht derzeit bei 556.796 Aufrufen. Der momentan aktuellste Kommentar lautet: »yo who there cuz ur professor sent u?« Gute Frage, User:in Geet Sharma.

Natürlich spricht er auf dieser Aufnahme nicht zu mir, eigentlich gemeint gewesen sind mit seiner Rede eben die Graduierten des Jahres 2005: Da ist Wallace schon ein Champion, der so gut wie alles erreicht hat, was man erreichen kann, wenn man zu einer bestimmten Art von literarischer Avantgarde zu gehören begehrt. Was er nicht geschafft hat, ist, von sich selbst ohne doppelte Böden zu sprechen, sich Blöße zu geben, keine *willing suspension of intellect*, die er dennoch in dieser Ansprache predigte.

Die Rede war zunächst vermutlich bloß ein Text in einem Microsoft-Word-Dokument oder ähnliches, erst dann wurde sie ein Buch.* Dieses Buch habe ich nie gelesen, ich kenne auch nicht den Text, ich habe nur diese Rede gehört. Und ich wollte sie immer wieder hören.** Die strenge Mahnung, sich bei aller Trostbedürftigkeit nicht in Selbstgerechtigkeit und -mitleid gehen zu lassen, sondern das Selbst aus diesen Begriffen so weit rauszunehmen, dass Gerechtigkeit und Mitleid für andere

---

* Ich betreibe auch kein Partiturstudium, wenn ich eine Symphonie höre – was daran liegt, dass ich überhaupt kein musikalisches Verständnis habe. Bei diesem Text wäre es anders. Aber noch bevor ich David Foster Wallace kannte, hat mich die Bitte der Band Pulp überzeugt, die die Booklets ihrer CDs mit der Aufforderung versahen: »Please do not read the lyrics whilst listening to the recordings«. Aber vielleicht ändere ich meine Meinung auch noch mal, dann lese ich hier nach: David Foster Wallace, *This Is Water: Some Thoughts, Delivered on a Significant Occasion, about Living a Compassionate Life*, New York 2009.

** »Aber was wäre, wenn wir, anstatt neue Technologien als den Sargnagel derer zu betrachten, die wir in der Vergangenheit verehrt haben, unsere Perspektive ändern und fragen würden, wie ihr Aufkommen unser Konzept von Lektüre verändert?« Lutz Koepnick, »Reading on the Move«, in: *PMLA* 128, Nr. 1 (2013), S. 232–237, hier: S. 235. Auszug übersetzt von Hanna Engelmeier.

übrig bleiben, habe ich mir lange Zeit als notwendig verordnet. Minute 22:25: »I wish you way more than luck« – so hört die Rede auf, passend zum Anlass, für den sie geschrieben wurde, und ich wünschte mir das auch, weit mehr als Glück, insbesondere, wenn das real vorhandene Glück, die eigentliche Glückseligkeit mir hinter einer Wolke verborgen schien.

Manche Leute tragen Glücksbringer in ihren Taschen mit sich herum, ich führe manchmal sogar mehrere spazieren. Über lange Zeit war es für mich jedoch noch entscheidender, zu wissen, dass eine Datei mit dieser Aufnahme von *This Is Water* auf meinem Telefon lagerte. Als eine Art eiserne Ration betrachtete ich die 39 Megabyte, die dort ruhten, so ähnlich wie meine Großmutter, die Diabetikerin war, immer Traubenzucker dabeihatte, den sie essen konnte, wenn ihr Blutzuckerspiegel zu stark sank. Die Datei »This Is Water – Full version-David Foster Wallace Commencement Speech.mp4« speicherte ich aber auch noch an anderen Orten, aus Sorge, das Video könnte eines Tages von YouTube verschwinden, aus Copyrightgründen oder weil die Person, die es hochgeladen hat, es nicht mehr anbieten will.

Bei Minute 00:01 kommt sogleich der Titel des Textes weiß aus dem Schwarz, und mit der Schrift erscheint dann auch die Stimme. »Stimme« meint dabei deutlich mehr als bloß das akustische Phänomen der Lauterzeugung durch Stimmbänder. Von Claudia Hamm habe ich zuerst gelernt, dass es eigentlich um den ganz eigentümlichen Ausdruck eines Menschen geht, seine Fähigkeit, aus sich heraus eine Erfahrung zu ermöglichen, die Sinne und Emotion gleichermaßen anspricht. Als ich einmal an der Übersetzung eines Textes verzweifelte, schrieb ich an Claudia, in deren schönem Deutsch zum Beispiel Emmanuel Carrère oder Joseph Andras zu mir sprechen. Ich wisse nicht, wie ich vorgehen solle, schrieb ich ihr, mit der genauen Übertragung der Worte käme ich nicht weiter, der Text klänge falsch. Ich solle die Stimme übersetzen, antwortete sie. Nicht den Text.

Das ist überhaupt nicht frei von Esoterik, geht es doch um die Aufladung eines Textes mit einer Charakteristik, die den Text wiederum selbst zu einer Art lebendigem Wesen werden lässt. Oder? »Eher geht es darum, wie die Stimme *in* die Schrift kommt.«[6] Man kann das also auch nüchterner sagen, und es ist gut, dass das woanders getan wurde. Ich möchte lieber nachschauen, ob man vielleicht den Moment sehen kann, an dem die Stimme in die Schrift fährt – was wäre dafür geeigneter als ein Video, das genau diesen Moment zu visualisieren versucht? Ich horche also weiter diese Videodatei ab, verfolge ihren Atem über den Fortschrittsbalken.

Bei Minute 00:06 ist die Schrift nämlich auch schon wieder verschwunden und hat dem Bild des Autors selbst Platz gemacht. Es handelt sich um ein Foto von ihm. Er steht, diesmal mit offenem Haar, an einem Pult und hält verstärkt durch ein Mikro einen Vortrag oder eine Rede. Ein Manuskript ist nicht zu sehen, dafür aber eine Wasserflasche, der linke Arm macht eine zeigende Geste, der der Blick des Autors folgt, das Bild steht. Es ist ein Bild aus einer Fotoserie, die zu allen möglichen Gelegenheiten, die den Autor in Action zeigen sollen, herangezogen wird. Sie zeigen Wallace in seiner zivilen Slacker-Uniform aus langärmeligem T-Shirt und drübergezogenem Hemd. Während der Rede im Kenyon College trug er hingegen einen Talar, darunter aber immerhin weiße Jeans. All das ist nicht zu sehen, auch nicht die Universitätsfunktionärin, die während der Rede hinter Wallace saß und später die Zeugnisse verleihen wird. Zu sehen ist ein ubiquitäres Bild des Autors, eines, das vor allem nahelegt: Ich bin ein Bild des Autors. Während es zum ersten Mal sichtbar wird, hat Wallace bereits alle eingeladen, mit ihm zusammen durch die Rede zu schwitzen, nun begrüßt er die Studierenden des Kenyon College, die gerade ihren Abschluss gemacht haben und an diesem Tag ihre Zeugnisse entgegennehmen werden.

Mal um Mal geht es dann so weiter, Minute 00:18: Einstieg mit der Parabel, »the didactic parableish story«, die von den zwei Fischen handelt, die im Wasser nebeneinanderherschwimmend einen älteren, weisen Fisch treffen, der ihnen mit der Frage entgegenschwimmt, wie ihnen denn das Wasser am Morgen gefiele. Die beiden Fische sind auf die Art und Weise unsensibel für ihre Umgebung wie Wallace selbst für seine Immersion in die englische Sprache, derer er sich offenbar erst auf der Insel Capri im Sommer des Jahres 2006 bewusst wurde, weil er dort eben zum ersten Mal in einer Sprache nicht wie ein Fisch im Wasser schwamm. Die beiden parabolischen Fische wissen dementsprechend auf die Frage danach, wie denn das Wasser sei, nichts zu sagen, schwimmen weiter, bis der eine den anderen fragt: »What the hell is water?«

Die kleine Geschichte wählt die Mitte zwischen möglichen anderen Erzählungen darüber, dass man weder sehen noch erkennen noch verstehen kann, was man als selbstverständlich erachtet. In einem absolut furchtlosen Text wäre es möglich, sogar *Der kleine Prinz* von Saint-Exupéry zu zitieren (den Teil, in dem der kleine Prinz mit einem Fuchs spricht und der eine zu dem anderen das mit dem Wesentlichen sagt, das für unsere Augen unsichtbar sei). Dann wiederum wird die Mühe, die dazu nötig wäre, das Zitat zu erklären und aus dem Bereich des Kalenderspruchhaften in den des wirklich Zitierwürdigen und irgendwie Nutzbaren hineinzuholen, so groß, dass die Rede halb um wäre, bis man zu der schlichten Einsicht in das in der Anekdote Behauptete gelangte. Andererseits wäre auch ein Wittgenstein-Zitat möglich, *Philosophische Untersuchungen* §129: Man könne nicht bemerken, was man immer vor Augen habe. Wallace hat sich in seinem Roman *Der Besen im System* bereits an Wittgenstein abgearbeitet. Zu der Zeit war er selbst gerade noch ein Philosophiestudent und reichte den Roman als Abschlussarbeit ein. Er beinhaltet dementsprechend unter anderem viel sprachphilosophische Reflexion und einen intelligenten Papagei. Es ist genau die Art von Text, die hyperverbale 24-Jährige schreiben möchten. Der Text, den hyperverbale 24-Jährige hören möchten, ist jedoch ein anderer. *This Is Water* nimmt darauf Rücksicht. Keine Papageien, kein Wittgenstein. Kein kleiner Prinz. Wallace landet dazwischen: Er fängt ja auch gerade erst an.

»What the hell is water«, sagt Wallace mit Nachdruck, und mit ganz echt gespielter Verwunderung, wie ein junger Fisch zum anderen, es ist der erste Lacher der Rede, und er dauert zwei Sekunden, ich habe es jetzt gestoppt. Ich kenne den Lacher auswendig, wie ich auch die Rede auswendig kenne, ich habe sie ungefähr so oft gehört, wie die zwei Fische in der Anekdote durchs Wasser geschwommen sind, ohne von der Erkenntnis des Wassers irgendwie gestört zu werden. Gestört werden wollte ich vor allem selbst nicht, es war meine Privatsache,* dass ich einem dringlich intonierenden Amerikaner immer wieder dabei zuhörte, wie er dafür warb, sich damit auseinanderzusetzen, was in der Welt um einen herum geschieht. Meistens hörte ich die

---

* Mit dem Autor, der den Text sprach, war ich allein. Mein Telefon, auf dem ich die Rede wieder und wieder ablaufen ließ, war an die Stelle des kleinen Büchleins mit den *Briefen an einen jungen Dichter* getreten. »Bis zum Auftauchen des Walkman hatte man noch nicht erlebt, daß ein Passant in einer derartig ostentativen Weise ›zugab‹, ein Geheimnis zu haben. Man war sich in der Tat dessen bewußt, daß der Walkman-Hörer nicht nur etwas Unbekanntem, sondern dem Unbekannten an sich zuhörte, einem Geheimnis in Gestalt eines mobilen Klangs: einem offenen, öffentlichen Geheimnis.« Shūhei Hosokawa, *Der Walkman-Effekt*, Berlin 1987, S. 33.

Rede über Kopfhörer, während ich durch eine Stadt ging oder fuhr, so wurde diese Andacht zu einer urbanen Angelegenheit,** sie spielte dann immer da, wo ich gerade war, einmal rannte ich durch den Flughafen Wien-Schwechat, total bescheuert, dachte ich, rannte weiter, keine Zeit zum Nachdenken und das kann nicht der Sinn der Sache gewesen sein, oder ich hörte irgendwo auf einem Fahrradweg, was ich schon wusste, Minute 01:06: »the most obvious, important realities are often the ones hardest to see and talk about«, oder an einer Kreuzung, an der ich stehen blieb, oder auf der Bank in einem Bus, der mich durch die Gegend fuhr, »or so I'd love suggest to you on this dry and lovely morning«, Minute 01:21. Ich habe das Wort Präsentifikation für diese Art des Hörens gelernt, der Zugriff auf den O-Ton sei eben das, eine Präsentifikation eines Ereignisses, wer will das leugnen.***

** »Die Erschaffung einer personalisierten Klangwelt durch den iPod führt zu einer Form von begleiteter Einsamkeit, in der sich die Zuhörenden bestärkt, kontrolliert und selbstgenügsam durch den Stadtraum bewegen. Die Trennung der kontrollierten Innenwelt von der äußeren Welt, die durch Kontingenz und Konflikt bestimmt ist, setzt aus, solange der Nutzer Strategien entwickelt, um sein Fortkommen durch die Musik im iPod zu steuern. Die Kontingenz dieser Mobilität wird genau als ihr Gegenteil erlebt, indem eine eigene Klangwelt geschaffen und verwaltet wird.« Michael Bull, »No Dead Air! The iPod and the Culture of Mobile Listening«, in: *Leisure Studies* 24, Nr. 4 (2005), S. 343–355, hier: S. 353. Auszug übersetzt von Hanna Engelmeier.

*** »Der Originalton ist, wie gesagt, allererst an seiner Wirkung zu erkennen, und folglich muss die von ihm handelnde Medienerzählung diese so besondere Eigenschaft, die ja jetzt kein Leser selber hören kann, als Präsentifikation evident werden lassen. Einen wirklichen Originalton, so heißt es, hört man nicht ohne Anteilnahme.« Nikolaus Wegmann, »Der Originalton. Eine Medienerzählung«, in: ders. u. a. (Hg.), *Original/Ton. Zur Mediengeschichte des O-Tons*, Konstanz 2007, S. 15–24, hier: S. 19.

Eigentlich ging es mir bei meinen ungezählten Abrufen des Videos, das ich wie ein Hörbuch benutzte, aber um etwas anderes. Ich musste die Videospur in meiner Tasche verschwinden lassen, um überhaupt noch sehen zu können, wo ich herkam und hinging, dabei wollte ich den vertrauten Lacher hören, weil er erwartbar war, wenn ich nicht wusste, was ich zu erwarten hatte (von einer Stadt, von den kommenden Tagen dort, oder von allen kommenden Tagen, die mir noch zur Verfügung stehen). Ich wollte noch einmal hören, worauf sich der Lacher bezog, ich wollte dabei sein und hören, wie es weiterging, weil zumindest sicher war, dass, solange die Aufnahme weitergeht, ich selbst ein Ereignis erzeugte, ein banales: das wichtigste, weiter auf dem Fahrradweg fahren zum Beispiel, die Kreuzung überqueren, im Bus sitzen bleiben.

Lange habe ich geglaubt, Musik und Texte so zu benutzen, wie man Glückssocken anzieht oder immer den gleichen Umweg zu einem Ziel fährt, sei verwerflich. Irgendjemand hat mir gesagt, das sei funktionalisierend, sehr schlecht. Weiter hinten in diesem Buch wird es noch um Adorno gehen, den größten Feind jeder Art von gemütlichem Beisammensein mit Kunst, besonders aber solcher Kunst, die zum gemütlichen Beisammensein einlädt. Es hat was für sich. Jedenfalls aber hatte er wohl auch keine Gelegenheit, mit Kopfhörern über den Flughafen Wien-Schwechat zu sprinten, während ihm jemand in feinstem Amerikanisch etwas darüber sagte, dass man es nur schaffen müsse, sich bis circa dreißig oder fünfzig nicht in den Kopf zu schießen, was eben keine kleine Sache ist.

Fest steht, Wallaces Rede ist teils schon in diesem Junge-Christen-unterwegs-Stil gehalten, sie klingt wie Predigt: Das sei eine Standardanforderung an diese Art von Rede, sagt Wallace, die Ansprache an den Jahrgang 2005 müsse eben so eine Art Parabel enthalten, er erfülle ja hier auch nun nur einen Auftrag, und die

Tür in der vierten Wand des Textes, die er selbst eingebaut hat, ist angelehnt, eigentlich steht sie ihm schon ein Stück weit offen, als Fluchtweg, falls er doch nicht der weise alte Fisch sein will. Aber natürlich ist er der weise alte Fisch, ansonsten bekommt man keinen Talar umgehängt, ansonsten steht niemand so da, wie er nun dasteht: Ich bin so, aber eigentlich ganz anders. D. T. Max schreibt, dass das Studierendenkomitee, das Wallace als Redner eingeladen hatte, nicht viel mehr über ihn wusste, als dass er ein berühmter Schriftsteller sei, aber eben einer mit Bandana um den Kopf. Den Studierenden, die Wallace selbst am Pomona College in Kalifornien in Creative Writing unterrichtete, hatte er oft gesagt, es sei besser, sie würden vor ihrem 40. Geburtstag nichts veröffentlichen. Hausaufgaben und das Bett machen, hart arbeiten, am Ball bleiben. Das sei die zentrale Botschaft seiner quasiapostolischen Sendung gewesen, so Max.[7]

»I am not the wise old fish«, sagt Wallace. Zu dem Zeitpunkt, an dem ich zum ersten Mal den leicht drohenden Tonfall hörte, in dem Wallace dazu auffordert, ihn bloß nicht für das zu halten, was er nicht sein wollte, was er aber eben dennoch und vielleicht gerade deshalb repräsentiert, hatte er mich schon an der Angel. Unendlich haltbar ist die absolute Verwirrung von Zuneigung zu und Identifikation mit einer Person. Auf die gleiche Art war ich in James Dean verliebt gewesen, in größter Unklarheit darüber, ob ich wie er sein wollte oder ob er mich zurücklieben und zurückverehren sollte, die Unmöglichkeit beider Vorgänge war mir ebenso egal wie alle Berichte über seine Homosexualität, die ich den aus der Stadtbücherei ausgeliehenen Biografien über ihn entnehmen konnte. Die Wallace-Schwärmerei ist nicht unähnlich, in ihr wechseln sich der Wunsch, er sein zu können (mit besserer Medikation, versteht sich, also eigentlich: nicht er), und der ab, von seinen Texten gemeint sein zu können. Diese Spezialform identifikatorischer

Lektüre begründet eine bestimmte Art von Fantum, die vielen aus guten Gründen unsympathisch ist und die Gruppierungen wie die »Wallace-Forschung« zusammenhält, zu der gehören zu wollen Amy Hungerford als das Hereinfallen auf einen literaturwissenschaftlichen Marketingtrick beschreibt. Wallaces Bücher stellten die Frage: »Bist du stark und smart genug, um den 1000-Seiten-Roman eines Genies zu lesen?«[8] (Diese Frage lässt sich auf so viele andere Autoren (m) anwenden, dass sie mir der Nachjustierung zu bedürfen scheint.) Es kann sein, dass es insbesondere den eifrigen *Unendlicher Spaß*-Fans um diese Art von Kraftmeierei geht. Aber damit ist nichts über eine viel weniger verächtliche Form echter Anhänglichkeit an einen Text gesagt und über die Suche nach Trost in der Stimme seines Autors.

Denn darin liegt auch ein Ausweg: durch das Zuhören weiter von sich wegkommen im Jetzt, dabei aber näher ran an eine irgendwie bessere Version des Selbst, die ein anderer im Angebot zu haben scheint. Wallace hat nie öffentlich über seinen höchstpersönlichen Lebensbereich gesprochen, über all das, was dann in der Biografie und in den zahlreichen Essays zu seiner Person hervorgeholt wurde. Und dann gibt es eben diese Aufnahme, in der man ihn »I am not the wise old fish« sagen hört, und weniger erkennbar durch Schrift und Lagen von Lektüren und Ironien und Kenntnissen schien dieses »Ich« ja nie zu sein.

Das Hörvideo, das ich benutze, drückt Sätze in die Schrift, sie erscheinen in einem Untertitel, wie offenbar alles, was die Autorin des Videos, »Jamie Sullivan«, für besonders wichtig gehalten hat. Was da bleibt, ist die Stimme, und genauer besehen scheint es fast empörend, dass »Jamie Sullivan« es offenbar unzureichend findet, dass diese Stimme eben genau so, im Unsichtbaren, gegeben ist, weil es keine Videoaufnahme von der Rede ist, die in ihrem Vollzug und live zu einem Ereignis wird. Sicherheitshalber hat Jamie

Sullivan der Stimme von David Foster Wallace deshalb Schrift als Anker um den Hals gelegt. So kann es niemand übersehen.

Das ist gar nicht unbedingt etwas Besonderes: Wo eine Stimme Wörter spricht, ist auch ein Text.* Eventuell gibt es ihn als Vorlage, als sogenannten toten Buchstaben, vielleicht entsteht er aber auch erst in dem Moment, in dem die Stimme einsetzt. Egal auf welche Weise jemand anwesend ist oder war, und egal wie diese Stimme aufgenommen, programmiert, gespeichert, weitergegeben wurde, heißt das schon mal: Da ist jemand, das ist was, ich kann's ja hören. Es hängt dann ziemlich viel davon ab, *wer* dieser Jemand ist, auf einen Axtmörder würden viele nicht mit Erleichterung reagieren. Es hängt dann auch ziemlich viel davon ab, *wer* man selbst ist, als Lebensmüde ändert sich das Verhältnis zum Axtmörder.

Bei Wallace geht es mir um weniger und gleichzeitig um mehr. Es ist sehr schwierig, eine Aufnahme seiner Stimme zu hören oder ihn zu lesen, ohne dabei Biografismen zu bemühen – zumindest für mich, die ihn eigentlich erst mit dem zweiten entscheidenden Datum seiner Biografie, seinem Suizid, kennengelernt und sich auch aufgrund dessen besonders für ihn interessiert hat.

---

* »Where do the footnotes go? There's no bottom of the page in an audiobook, obviously. So here's a solution. Footnotes are usually in a smaller font than the main text. Time Warner's audio director feels that a workable equivalent of two different fonts here could be two different sounds of my voice. So when my voice sounds the way you're hearing it now, I'm reading from the main text. And when my voice sounds like this, I'm reading a footnote. The footnote sound is a little smaller, but that's why they're audio footnotes. If you hate the whole idea, please know that it's not my fault.« David Foster Wallace reads *Consider the Lobster*, {https://www.youtube.com/watch?v=_fZOl7C_vDI}, letzter Zugriff 17.02.2021.

Vielleicht gab es in diesen Texten etwas über die toten Freunde zu lernen, die mir kein Wort hinterlassen hatten, nur ihre Zerstörung.

Der Versuch, die Schichten von Stimme, Biografie (seiner, meiner), Text auseinanderzudröseln, den Keks von der Schokolade abzunagen wie bei einer Prinzenrolle, scheitert. Ich kann nur immer wieder den gleichen Keks zu mir nehmen, und zwar im Ganzen. Niemand kann sich nur von Prinzenrolle ernähren, ohne irgendwann überzuckert zu sein. Aber eine Zeit lang geht es doch ganz gut. Es ist sehr tröstlich, ganz genau zu wissen, was man im Vorrat hat, und darauf zugreifen zu können, wann immer nötig.

Die wirksame Illusion dabei ist, sich immer wieder vorstellen zu können, dass im Moment des Anhörens eines Textes jemand zu einem spricht; und während es bei vielen anderen Kinderglaubensinhalten erleichternd ist, sie loszuwerden (nein, der heruntergeschluckte Kaugummi wird nicht den Magen verkleben, und nein, man kommt mit dem Finger auch nicht durch die Nase ins Hirn), gilt genau das für die Identifizierung von Stimme, Person und Text nicht unbedingt. Das Zuhören in einer Zeit, in der ein Autorinnen- oder Autorname nichts bedeutet, keine Aura entfaltet oder Rezeptionshaltungen steuert, bleibt als *default setting* bestehen. Gemeint sind die festgefügten Vorstellungen, die mehr oder weniger unbemerkt in Aufnahmen wirken, in denen nicht nur irgendjemand zu hören ist, der besonders gut einen Text vorlesen kann, sondern die Person, die den Text geschrieben hat. Hat nicht deren eigene Lebenserfahrung direkt einen Weg in die Schrift gefunden, die wiederum zu einem Text wird, der über die gesprochene Stimme direkt durch mein Ohr in meinen Kopf eindringt? Eine Stimme, die man durch eine Tonaufnahme abruft, wird zu der Stimme eines Textes. Tonaufnahme, Text und Person schieben sich ineinander und vermischen und verklumpen sich so, dass in dem Text die Stimme und in der

Stimme die Person anwesend ist. Es ist ein Weg, einen Text in Anspruch zu nehmen.

Lange bevor ich ein hyperkompetentes Telefon besaß, hatte ich einen Kassettenrekorder. Vor dem Lesen kam das Hören, und zwar nicht das der *einen* Stimme, sondern von vielen Stimmen, die alle vom Band kamen, sie lebten in einem Hörspiel, das wahrscheinlich als Musikkassette aus der Stadtbücherei ausgeliehen und dann auf eine private Kassette überspielt worden war. Dann wanderte es in einen Schuhkarton, in dem die anderen überspielten Kassetten auch aufbewahrt wurden, mit dem Rücken nach oben. Die Handschrift, mit der die Kassetten markiert waren, konnte ich zunächst nicht lesen und musste nachfragen, wenn ich ein bestimmtes Hörspiel hören wollte: *Aristocats*, bitte. Ich habe in der Küche am Tisch gesessen und ein Hörspiel gehört und gefragt, wie das sei, wenn man auf Pause drückt, was die Leute in dem Hörspiel so lange machten, ich ging davon aus, dass ich einer im Rekorder versteckten Aufführung beiwohnte, die auf meinen Wunsch gestoppt und fortgeführt werden konnte.

Irgendwann werde ich diese Geschichte weitererzählen und darauf hinweisen, dass das Goldig-Kindermundige daran peinlich ist (auch ich will nicht der weise alte Fisch sein), aber dass es zeigt, wie schwer es zunächst zu verstehen fällt, was ein Speichermedium ist und was es alles kann. Zum Beispiel das: Stimmen von Leuten abrufen, die schon lang nicht mehr auf der Welt sind (was weiß ich, ob die Sprecherin der Katzenfigur »Duchesse« noch lebt), und in der Gegenwart Erinnerungen produzieren. Goldig-kindermundig hatte ich keine Ahnung, welche das sein würden, und natürlich habe ich mich nicht für die Erinnerungen interessiert. In diesem Moment fällt mir ein, dass der Kassettenrekorder, den ich benutzte, in einer Ecke der Küche auf einem ausrangierten Nähmaschinentisch stand. Heute ist nichts von diesem Kindheitsraum übrig, wir zogen aus der Wohnung aus und auch da war ich den *Aristocats* schon lang entwachsen.

Als sie mir viel später zufällig wieder begegneten, vermutlich in einem GIF, dem zentralen Medium sentimentaler Flashbacks, waren sie sogleich in meinem Ohr, vermittelt durch den Gesang Paul Kuhns: »In einem Vorort der Seine-Stadt Paris / Nennt man ein Haus das Katzenparadies / Wer speist dort von silbernen Tabletts?« – Ich denke, die Antwort dürfte halbwegs klar sein, denn was sich reimt, ist gut. Die Wiederbegegnung mit den drei kleinen und zwei großen Katzen in einem GIF war eine Wiederbegegnung in einem Stummfilm, die wenige Sekunden zappelnden Bilder in einem GIF sind stimmlos.

Als Kind hatte ich keine Ahnung, dass der Sänger des Eingangsliedes eigentlich durch seine Interpretation von »Es gibt kein Bier auf Hawaii« im Jahr 1963 und damit für den Signaturhit der alten BRD bekannt war, und ich wusste auch nicht, dass Berlioz eigentlich Steffen Müller hieß, dass die Katze Marie mit der rosa Schleife auf dem Kopf von Angelika Pawlowski gesprochen wurde, und dass Toulouse einen Pass mit dem bürgerlichen Namen Ralph Richardt besaß, interessierte mich auch nicht.* Die Stimmen, die aus meinem Kassettenrekorder kamen, gehörten Katzen, ganz klar, daran erinnere ich mich sehr genau. »Crème de la crème à la Edgar« bekamen sie von silbernen Tabletts zu essen, die Kätzchen waren in Gefahr, weil eben dieser Butler Edgar sie beseitigen

---

* Der Erzähler des Hörspiels, die Maus Roquefort, wird von Harry Wüstenhagen gesprochen, der auch in *Basil, der große Mäusedetektiv* als Mausestimme Erfolg hatte und ansonsten Jean-Louis Trintignant synchronisierte. Mittlerweile würde mich ein Film voller Harrys, Angelikas und Ralphs, ca. 1967, auch sehr reizen.

wollte. Etwas später konnte ich das nachschauen, in einem Bilderbuch zum Film (einen Videorekorder kauften meine Eltern erst später). Auf den Seiten sah ich nun die unbewegten Bilder der Katzen, die ich mit der Erinnerung an das Hörspiel zu Stimmen in meinem Kopf werden lassen konnte, und so marschierten sie durch ihre Abenteuer, immer auf dem Weg nach Hause.

Es hat also damit angefangen, dass ich nicht anders konnte, als die Stimme für etwas sehr Lebendiges zu halten, nicht für einen Verweis auf einen toten, sondern als Hinweis auf einen lebendigen Menschen, nicht als eine Erinnerung an ihn, sondern als Zeichen dafür, dass in einem Hier, über das ich nicht nachdachte, jemand anwesend war. Das war im Falle der Katzen sehr gut, im Falle des Butlers, der sie vergiften wollte, natürlich viel weniger, er hatte keine Stimme, die ich gern hören wollte, sie war die eines affektierten Parvenüs und gab sich gleich als verschlagen zu erkennen. So sortierte ich.**

** Heute interessiert mich vor allem die Einübung in Klassenverhältnisse, die der Film zeigt: Manche trinken halt Sahne aus zauberhaften Gläschen, andere sind streunende Straßenkatzen, Punktum. Eine Recherche nach wissenschaftlichen Aufsätzen zu dieser Thematik brachte mich in der Datenbank JSTOR zu einem Aufsatz über Aristokratie in Marcel Prousts Werk, den ich begeistert bis zu dem Punkt verfolgte, an dem sich herausstellte, dass die dort vorkommenden »Aristocats« nur »Aristocrats« mit einem fehlenden r waren. Während ich den Film ca. 1989 zuerst sah, war der Umgang mit der darin nahegelegten Einsortierung der Katzen aller Klassen unbekümmert gegenüber all jenen, die sich nicht in dem hübschen Kätzchen mit der rosa Schleife wiederfinden können; vorbei ist es jetzt mit dieser Sorglosigkeit, Disney strahlt den Film seit 2020 mit einer Warnung hinsichtlich rassistischer Inhalte aus: »For the 1970 film ›The Aristocats,‹ the advisory refers to one of the felines, noting that it ›sings in poorly accented English voiced by a white actor and plays the piano with chopsticks.‹«, {https://www.reuters.com/article/us-global-race-disney-idUSKBN27036S}, letzter Aufruf am 17.03.2021.

Meine kindliche Bereitschaft für Wiederholungen, das unendliche Wiederhören des gleichen Hörspiels (das Vorlesen des gleichen Bilderbuches), Annahmen darüber, wie es allen Kindern gefällt, immer wieder dieselbe Geschichte zu hören, die sich nie verändern darf, die damit etwas besitzt, was niemand anderes, nicht einmal die vertrauteste Person besitzt (eine unveränderliche Identität):* Das ist eine schon etwas ausgeleierte Geschichte über sprechende Erinnerungen, darüber wie die Stimmen zurückkommen, eben in der Erinnerung. Aber ich beharre darauf: Ich erinnere mich an viele Kassetten. Eine alte Geschichte ist dementsprechend vor allem die technische Einübung in den Gang zum Kassettenrekorder, oder eben im Griff zum tragbaren Gerät, dem Anwählen einer Datei, dem Aufrufen einer Webseite. Das ist der Besitz: Ich kann das bedienen, ich habe eine Kassette, ich habe einen Rekorder, ich habe einen Computer, ich habe einen MP3-Player, ich habe ein Smartphone, ich habe eine Stimme: im Kopf und in der Tasche.

---

* »Das Entscheidende am Lieblingsbuch ist für die Zuhörerin, dass es immer dasselbe bleibt. Je häufiger die Dreijährige die bekannten Sätze hört, desto zufriedener scheint sie. Wenn sich nur ein Wort ändert, schwindet das Vergnügen: Ein geliebtes Buch hat seine Identität verloren. Versuche, diese Leidenschaft für das Immergleiche zu erklären, könnten das Bedürfnis des Kleinkindes nach Sicherheit anführen. In einer Welt voller neuer Erfahrungen, die aufregend, aber unvorhersehbar sind, schätzt das Kind alles, woran es sich halten kann. Wenn sich sogar das Buch auf einmal als unvorhersehbar erweist, verliert sie, worauf sie sich verlassen hat. Die Persönlichkeit eines Freundes hat sich verändert.« Patricia Ann Meyer Spacks, *On Rereading*, Cambridge/Mass. 2011, S. 1. Auszug übersetzt von Hanna Engelmeier.

Was mir nicht gehört, ist der Moment, dem ich beim Zugriff auf die »This Is Water – Full version-David Foster Wallace Commencement Speech.mp4« zuhöre. Ich war im Mai 2005 ganz woanders als im Hof des Kenyon College. Da ist ein Rest, der dem Livepublikum von damals gehört, so denke ich, bevor ich mich rechtzeitig erinnere, dass ich nichts über das Publikum weiß. Eventuell wollten einige lieber noch schlafen oder wenigstens nicht bei einer Abschlussfeier unter Leuten sein oder wenigstens nicht diesem Typ zuhören müssen. Vielleicht ahnten einige, dass es eine populäre Rede werden würde. Vielleicht auch nicht. Ich war nicht dabei, ich werde nicht dahinterkommen. Minute 01:18: Angesichts der Gefahr, in die Gräben der Alltäglichkeit zu fallen, hätten banale Plattitüden eine Leben-oder-Tod-Bedeutung, so liest Wallace aus seinem Text vor.

Ich habe gelernt, das Folgende banal zu finden: die Erkenntnis, selbst ein Kind gewesen zu sein, das immer die gleiche Geschichte (egal welche) hören wollte. Ich lernte, dass die Erinnerung daran und an eine Stimme, sofern sie eben von einem Band kam, immer nur dem Medium folgt, nie etwas anderem. Die daraus folgende Erkenntnis lautet, dass dementsprechend die Stimme gar nicht das Ding ist, das, was durchsticht und trifft (schlimmstenfalls: ins Herz), sondern dass das alles die Medientechnik tut. Warum sollte diese Einsicht banal sein? Sie ist es dann, wenn man vom Glauben an die Stimme zum Glauben an Begriffe wie »Medientechnik« gewechselt hat. Das geht nicht ohne Verluste ab, zum Beispiel den, über eine Stimme sprechen zu können als einen akustischen Halt, den man anstellen und abstellen kann, von mir aus mit Medientechnik, und ich beharre darauf: Ich kann das bedienen, ich habe eine Kassette, ich habe einen Rekorder, ich habe einen Computer, ich habe einen MP3-Player, ich habe ein Smartphone, ich habe eine Stimme – im

Kopf und in der Tasche. Da ist also was, und die Stimme ist im Text, möglicherweise in einem Text, der ebenso unauffindbar ist wie die tatsächlichen Blätter, die Wallace an jenem Tag in der Hand gehalten hat. Dieses »da ist also was« – das heißt hier zunächst: Anwesenheit, über die man verfügen kann. Und das ist nicht weniger als die Vorstellung, Einsamkeit auf Knopfdruck abschaffen zu können.

Die zweite Anekdote, die Wallace in seiner Rede erzählt, handelt von zwei Typen, die in der Wildnis Alaskas in einer Bar sitzen und mit der besonderen Intensität des vierten Biers darüber reden, ob sie an Gott glauben. Der eine ist Atheist und berichtet, wie er kürzlich in einem Schneesturm keinen Ausweg mehr sah, nicht wusste, wie er jemals nach Hause kommen sollte, und dann voller Verzweiflung und im Bewusstsein der größten Nutzlosigkeit seines Tuns Gott um Hilfe anrief. Da er nun hier in der Bar säße, sagt sein gläubiger Saufbruder, müsse er nun aber doch an Gott glauben, denn er sei ja nun gerettet. Nein, sagt der Atheist, ganz falsch, denn es hätte ihn ja nicht Gott gerettet, sondern es seien zwei Eskimos vorbeigekommen, die ihm den Weg nach Hause gewiesen hätten. Es sei einfach, diese Anekdote mit den Standardwerkzeugen einer geisteswissenschaftlichen Ausbildung zu analysieren, sagt Wallace, und dabei niemals an den Punkt zu kommen, an dem man der einen oder anderen Position mehr oder weniger Richtigkeit, mehr oder weniger Berechtigung zuspräche. Es sei aber auch so, dass man deshalb nie darüber spreche, aus welchem Punkt im Inneren der beiden ihre jeweiligen Glaubensvorstellungen kämen, die ihren Zugang zur Welt organisierten. Diese Glaubensvorstellungen würden so behandelt, als seien sie irgendwie feststehende Bestandteile einer Person, werkseitig eingebaute Standardeinstellungen, aufgrund derer sie sich dann so oder eben anders verhält. Er kommt nun langsam zum Kern seiner Rede, etwa ein Viertel der Vortragszeit ist um, wir sind bei Minute 04:28. Denn tatsächlich sei das, was wir glauben, wovon wir überzeugt sind und wonach wir handeln, eben keineswegs irgendwie feststehend, sondern eine Entscheidung, dieses oder jenes zu glauben, und daraus Handlungen welcher Art auch immer abzuleiten. Wallace spricht von der Wahl, die wir hätten und nach der wir uns richten sollten.

Gehört habe ich diese Sätze meistens, wenn ich meinte, keine Wahl mehr zu haben und mich vom Gegenteil überzeugen zu müssen. Diese Wahl konnte ich also treffen: Ich suchte über Safari, später über die YouTube-App auf meinem Telefon das Video mit der Tonaufnahme und ließ es laufen, immer schon wissend, was der Autor als Nächstes sagen würde und wie er es sagen würde. Es gibt die mit Nachdruck gesprochenen Wörter, »true« oder »false« werden mit einigem Anlauf gesprochen, der erste Konsonant wird von einigem Luftdruck gestützt. Wenn ein Wort kommt, das eine besondere Wichtigkeit hat, pausiert Wallace kurz vorher, so wie dann, wenn er davon spricht, dass man sich von seinem »default setting« lösen müsse, um überhaupt in die Lage zu kommen, zu beachten, was in einem vorgeht, »paying attention to what is going on [kurze Atempause] inside me« (07:49).

Warum klingt Wallace so? Ich lese in *Signifying Rappers* nach, einem aus verschiedenen Essays zusammengenähten Buch, das Wallace mit seinem Freund und Kollegen Mark Costello geschrieben hat. Schon wieder via YouTube weiß ich, dass Costello 2012 beim Festival des Magazins *The New Yorker* auf einem Podium zum Thema »Rereading David Foster Wallace« saß,[9] um über seinen Freund zu sprechen, dessen ersten Suizidversuch im Jahr 1988 er im Vorwort zur Neuausgabe von *Signifying Rappers* so ganz am Rande beschreibt. Im Vordergrund des Vorworts steht, wie die beiden zusammenwohnten und Bier tranken und in einer sogenannten Phase beschlossen, ein Buch über Hip-Hop zu schreiben. Auf der Bühne saßen neben Costello auch noch die Dichterin Dana Spiotta, Deborah Treisman – die Literaturredakteurin des Magazins – und die Autorin Mary Karr. Karr war eine Zeit lang mit Wallace liiert. Nach der Trennung bedrohte und belästigte er sie. Nun saß sie dennoch da, als Teil eines Gesprächs, dessen ganzer Rahmen die Kanonisierung des Gesprächsgegenstandes voraussetzte und so nicht umhin kam, auch Ehrerbietung zu sein.

Über die Geschichte der beiden wurde nichts auf der Bühne gesagt, auch wenn dieser Teil seiner Biografie nun gut bekannt ist, immer seltener verschwiegen wird und alles noch komplizierter macht. Müssen jetzt die intimsten und (damit) teils abstoßendsten Teile einer Person, eines Autors die Voraussetzung für das Lesen seiner Texte werden? Und wenn ja, was bedeutet das für das Lesen?* In dieser Runde findet sich keine Antwort darauf. Der Moderator D. T. Max hat in seiner Wallace-Biografie erzählt, was damals geschehen ist,[10] und nun ist die Kenntnis um Wallace als

---

* Für manchen wird Lesen zu einer Art Vogel-Strauß-Angelegenheit, und das muss man sich selbst erst einmal gönnen können: »Wagners Antisemitismus hat mich nie davon abgehalten, Wagner zu hören, Wagners Musik dagegen schon. Dasselbe gilt für Hamsuns Hitler-Verehrung – hätte ich seine Bücher spannender gefunden, hätte ich mehr von ihnen gelesen. Und auch wenn es bei Filmschauspielern heikel ist, weil unsere Reaktion durch die Identifikation von Rolle und Person persönlicher ausfällt: Ich vermisse Kevin Spacey auf der Leinwand. Ich will nichts mehr über sein Privatleben lesen, sondern seinem Spiel zuschauen.« Paul Ingendaay, »American Stalker«, in: *Frankfurter Allgemeine Sonntagszeitung*, 7. Oktober 2019, Nr. 40, S. 48.

Stalker für alle zu weiteren Psychogrammen des Autors und zur Unterhaltung und zum Beurteilen und Bewerten und Verachten und Weiterarbeiten freigegeben: so wie es ja auch hier geschieht, da kommt man nicht raus, außer man setzt sich in die Ecke und hält die Klappe (und liest ein Wallace-Buch, oder was weiß ich).

Costello und Wallace saßen also zusammen in einer Wohnung, schrieben darüber, wie das mit dem Hip-Hop sei, dabei ging es ihnen aber mehr darum zu sagen, was der Hip-Hop so in ihnen auslöse, »denn Rap, ob nun fruchtbar oder steril, ist die einsame Speerspitze aktueller Popmusik, das Neue, das Unbekannte, das sich dem Gehirn entzieht, während der Körper schon mitwippt«.** Aber sie sagen dann alles Mögliche über die Kultur, die Hip-Hop umgibt, und nichts darüber, wie die Musik klingt, und wenig darüber, wie sie sich dabei fühlen, und eigentlich gar nichts darüber, was die Musik nun genau mit ihren Körpern gemacht hat und wie die Sprache, die sie dort gelernt haben, ihre eigene geworden ist, wie ihr postmodernes »Zusammenspiel von Zeichen, Zeit und Zappeligkeit« dem von denjenigen, die sie verehren, ähnlich geworden ist. Das Ganze klingt wie ein Hörspiel eines Hip-Hop-Proseminars; die Art Hörspiel, die ich früher wieder in den

---

** Das kann nicht lange gut gehen, weiß das Vorwort: »Obwohl diese Sätze eine ›ewige‹ Sichtweise einnehmen, verweisen sie perverserweise doch immerzu auf das Jahr 1989, wenn Wörter wie neu, bald, neulich, dieses Jahr, jetzt fallen. Solchen Ausdrücken bekommt das Altern nicht. Den Dingen wird dadurch die eigentümliche Anfälligkeit der Zeit aufgedrückt wie einem Milchkarton das Verfallsdatum.« Mark Costello im Vorwort zu *Signifying Rappers*, David Foster Wallace, Mark Costello, *Signifying Rappers: warum Rap, den Sie hassen, nicht Ihren Vorstellungen entspricht, sondern scheißinteressant ist und wenn anstößig, dann bei dem, was heute so abgeht, von nützlicher Anstößigkeit*, übersetzt von Ulrich Blumenbach und Maria Hummitzsch, Köln 2014, S. 2.

Schuhkarton zurückgestellt hätte, mit dem beschrifteten Rücken nach oben: Lieber noch mal die *Aristocats* anschalten.

Und vor gar nicht langer Zeit haben die Aristocats selbst rappen gelernt: Als Mash-up tauchten sie 2019 in einem Video auf, in dem Filmszenen so zusammengeschnitten waren, dass die Kätzchen auf den Rhythmus von Lizzos »Truth Hurts« vor sich hin zu wippen und rappen schienen. Ich war entzückt: Aus den niedlichen Figuren, deren Einübung in Klassenbewusstsein und Snobismus erst scheitert und dann doch gelingt, kam nun die voluminöse Stimme einer Rapperin, die vor allem dafür eintritt, sich genau von solchen Erziehungen zu befreien. Dass die Aristocats nun eine zeitgemäß scheinende Haltung transportieren konnten, indem sie mit einer anderen Stimme aufgefüllt wurden, erneuerte meine Zuneigung zu ihnen. Höre ich nun »Truth Hurts«, sehe ich die Aristocats.

Für manche ist rappen lernen einfacher als für andere; Mark Greif hat in einem seiner Essays beschrieben, wie er versuchte, sich diese Kunstform anzueignen und sich dabei eher trottelig anstellte.* Greif will auch etwas vom Hip-Hop-Renommee-Kuchen und

---

* Anstatt ordentlich zu rappen, analysiert Greif sein Problem mit dem Rappen anlässlich des Versuchs, ein Stück von NAS zu covern: »Mein Problem war aber zunächst einmal die erste Zeile, und irgendwann kam mir die Sache aussichtslos vor. Die erste Zeile besteht aus siebzehn Silben, verpackt in gerade mal zwei Takte, acht Beats in einem schnellen Vier-Viertel-Takt. Für mein Ohr setzt der Gesang leicht verzögert ein, nach einer Viertel-Pause, und die letzten Silben lappen in den nächsten Takt hinüber. Das Metrum ist nicht jener marschierende Jambus, den man von der englischen Versbildung kennt, es klingt eher wie Trochäus, vermittelt den Eindruck eines ›fallenden‹ Rhythmus. Siebzehn Silben!« – Elvis Presleys »All Shook Up« habe hingegen in der ersten Zeile nur neun aufzuweisen. Mark Greif, *Rappen lernen*, übersetzt von Kevin Vennemann, Berlin 2012, S. 9.

Wallace wollte auch etwas von diesem Kuchen, diesem Klassisch-Wertvollen, das aber doch so viel besser klingt als das Klassisch-Wertvolle, das beispielsweise eine *commencement address* darstellt, eine der vornehmsten Traditionen der amerikanischen Universitätskultur. Vielleicht hat Wallace vor der Abfassung von *This is Water* Emersons *Divinity School Address* nachgelesen, *Delivered Before the Senior Class in Divinity College, Cambridge, Sunday Evening, 15 July, 1838*, »a more secret, sweet, and overpowering beauty appears to man when his heart and mind open to the sentiment of virtue«,** nein, nein, das wird bei Wallace nicht passieren, die Absolventinnen und Absolventen müssen keine Angst haben, eine Lektion aufgedrückt zu bekommen, es gehe hier nicht um Mitgefühl, Hinwendung zu anderen oder gar Tugend, so behauptet er, Minute 06:59. Und dann versucht er genau darüber zu sprechen, aber als Rapper, der er aber natürlich ebenfalls niemals vorgeben würde zu sein, und wie er dem ausweichen kann, steht schon 1989 da: »Warum müssen ausgerechnet zwei weiße Yuppies einen Sampler über Rap schreiben? Und natürlich sollten Sie uns jetzt nicht für echte Yuppies halten. Wir sind beide definitiv keine Yuppies. [...] Keiner ist ein Yuppie, weil heute jeder ein Yuppie ist, ein konsumierender Konsument, zweckdienlich für die USA.«[11]

Wer ist denn »der Rapper«? »Der Rapper« ist zunächst mal ein Mann, und er ist wahrscheinlich Schwarz, sicher ist jedenfalls, dass, wenn er ein erfolgreicher Rapper ist, er eine lange Zeit geübt und

---

**YouTube ist voll mit Videos aus diesem Genre. Je reicher die Universität, desto größer der Name der Sprecherinnen und Sprecher, deren Bedeutsamkeit es rechtfertigt, die Aufnahme der Weltöffentlichkeit zur Verfügung zu stellen. Aufgezeichnet sind also Ansprachen von Erfolgsmenschen, die zu solchen sprechen, die sich daran machen, ebenfalls welche zu werden. *Commencement addresses* sind Exerzitien in sozialer Reproduktion, und sie verhehlen es auch nicht.

früh angefangen hat mit dem Rappen. Und vielleicht ist deshalb auch Mark Greif so ein Rapper geworden, dem keine einzige Zeile geschmeidig über die Lippen geht, denn er gesteht gleich zu Anfang seines Erfahrungsberichtes, sich dem Rap so lange mit Post-Punk widersetzt zu haben, dass er, als er es unbedingt wollte, zu alt war, um richtig rappen zu lernen. So sehr er sich bemühte, so wenig konnte er sich damit seinen Teil vom coolen Kuchen erarbeiten. Er hat seine Stimme erprobt und versucht, sie so geschmeidig werden zu lassen, wie die unterschiedlichen Teigarten in einem Marmorkuchen ineinander wirbeln. Dann ist er zu seinem eigenen, akademisch geprägten Stil zurückgekehrt und hat die sprachliche Maske des Raps wieder abgelegt, in der Überzeugung, sie sich ausreichend lang von der Innenseite aus angeschaut zu haben.

Es ist die Erfahrung des Gebrauchs ganz unterschiedlicher rhetorischer Masken, die auch Wallaces Ansprache steuert und die es ihm ermöglicht, sich das lässige Detachement eines Rappers ebenso draufzuziehen wie das therapeutische Vokabular einer Selbsthilfe-Privatbibliothek,* abgemischt mit religiösem

---

* »Wallaces Anmerkungen in [...] Alice Millers *Das Drama des begabten Kindes* zeigen eine Person, die sich permanent und vollständig als verkorkst wahrnahm. Er fühlte sich durch dieses Buch besonders getroffen und verstanden, in seinen Notizen beschuldigt er ständig seine Mutter für einen Großteil seines Leidens. Es wäre tatsächlich stark untertrieben zu behaupten, Wallace habe *Das Drama des begabten Kindes* leichtgenommen. Er kam immer und immer wieder darauf zurück, seine Anstreichungen stammen aus ganz unterschiedlichen Zeiten, erkennbar an stark differierenden Geisteszuständen, die in Schriftgrößen und -bildern zum Ausdruck kommen.« Maria Bustillos, »Inside David Foster Wallace's Private Self-Help Library«, 5. April 2011, {www.theawl.com/2011/04/inside-david-foster-wallaces-private-self-help-library}, letzter Zugriff 18.02.2021, Auszug übersetzt von Hanna Engelmeier.

Grundbass, den Vorbildern des Genres und dem Anlass entsprechend. Nicht nur seine Erzählung öffnet für die Absolventinnen und Absolventen eine Tür in ein Leben, das sie erst noch kennenlernen müssen. Es sind in erster Linie die poetischen Register, die Wallace zieht, die auf viele Schichten einer gelebten Erfahrung verweisen, der nachzustreben er mindestens lohnenswert, wenn vielleicht auch nicht verführerisch erscheinen lässt.

Aber: »I learned this the hard way.« Wallace tritt als Rapper in Zivil auf. Von seinen Problemen mit den vielen schnell zu sprechenden Silben des Raps erfahren wir nichts, ich kann sie nur unterstellen, weil er ja nicht einmal wie Greif versucht hat, rappen zu lernen, oder zumindest nichts davon berichtet. Überhaupt berichtet er von sich selbst ja nur in Andeutungen, der Rapper in Zivil ist eine Figur, die straßenerprobt und lebensgehärtet ist, dazu gehört auch seine Suchtgeschichte, von der er nicht erzählte, wie er überhaupt nichts Intimes erzählte, weder in *This Is Water* noch anderswo, stattdessen traten all diese kaputten Figuren auf, die ihre Suchtgeschichten in Tennisakademien oder fatalen, manchmal tragischen Beziehungen zu ihrer Therapeutin oder ihren Kindern ausleben, und all diese Figuren können nun aufs Bequemste mit dem überblendet werden, was an Wissen mit den Jahren dazukommt, aus Talkrunden wie der beim *New Yorker*-Festival und aus Zeitzeugenberichten und Interviews und all den Texten von denen, die bereit sind, über den zu sprechen, der sich nicht mehr dagegen wehren kann, Dave zu heißen oder DFW oder Wallace oder wie immer sie ihn haben wollen.

Er habe auf die harte Tour gelernt, sagt Wallace also bei Minute 05:43, dass er nicht im Zentrum des Universums stehe, was er als den absoluten Grundirrtum jener Grundeinstellungen ausmacht, die zu kritisieren er angesetzt hat, und er nehme an, dass es den Absolventinnen und Absolventen nun ebenso gehen werde wie ihm. Wenn man es nicht schaffe, weniger auf sich selbst bezogen zu sein, eine (richtige) Sicht darauf zu wählen, wie man den eigenen Erfahrungen Sinn abgewinnen könne, dann sei man aufgeschmissen, »if you cannot excercise this kind of choice in adult life, you will be totally hosed«. Um in Schrift auszudrücken, wie es sich anhört, wenn Wallace diese Worte spricht, könnte man im zweiten Teil des Satzes, auf den es mir ankommt, einen Punkt hinter jeden Buchstaben setzen, auch alle Worte groß auszuschreiben wäre gut denkbar, das würde aber alles noch nicht ausreichen, um zu beschreiben, warum mir dieser Satz als eine Art Ohrwurm im Kopf bleibt, warum ich die Phrasierung und den Nachdruck, mit dem insbesondere das schwer zu übersetzende »hosed« quasi ausgeblasen wird, nicht vergesse.

Es geht nicht darum, dass es ein besonders schönes Wort ist, das eigentlich etwas wie »mit einem Schlauch abgespritzt« bedeutet. Wenn man es also nicht schafft, seine Gedanken von den immer gleichen Kreisen um die immer gleichen Probleme zu lösen, die alle nur auf einen selbst verweisen, nicht aber darauf, welche Erfahrungen andere machen und wie diese unter Umständen dazu beitragen, wie sie sich verhalten, wie sie neben einem im Supermarkt oder im Stau auf dem Weg dahin stehen, dann steht man so da wie jemand, der mit einem Schlauch von oben bis unten nass gespritzt wurde. Ungünstige Lage, zumindest dann, wenn man nicht darum gebeten hat, worum es in der Redewendung wohl geht. Das ist aber auch nichts, worüber ich nachdachte, wenn ich zum wiederholten Mal hörte,* wie Wallace diesen Satz sagt. Denn ich hörte weniger den Satz selbst, als dass ich mit dem, was er sagte, die Zuverlässigkeit der Aufnahme überprüfte, die unendliche Wiederholbarkeit, durch die man das Video anklicken und seine Tonspur hören kann, im Bus, auf dem Bürgersteig, auf dem Weg zum Supermarkt, im Supermarkt. Die Zuverlässigkeit, mit der sich die Erwartung daran, wie die Stimme nun klingen wird, erfüllt, das ist der eigentliche Sound. Das Wiedererkennen mag die größte Langeweile von allen sein, sie ist aber auch die größte Erfüllung eines Wunsches, der so leicht abzutun ist: Kinder sind so, sie wollen immer nur das Gleiche, ältere Touristen sind so: immer der gleiche Ort, seit dreißig Jahren; die Touristen und die Kinder, sie leben in der Erfüllung. (Ich kann das bedienen, ich habe eine Kassette, ich habe einen Rekorder, ich habe ...)

An dieser Stelle bekomme ich ein Problem mit dem Text, in dem ich doch beschreiben will, wie ich mich zu einer Datei hinwende, wie ich mich zu einem Menschen hinwende, denn diese

---

* »Aufdringliche Songs können in vielerlei Hinsicht unwillkürlich und aggressiv auftretenden Erinnerungen ähneln (Forscher haben unwillkürlich und aufdringlich als Begriffe verwendet, wenn sie sich auf nicht-volitionale Erinnerungen beziehen, und wir werden darauf zurückgreifen, auch wenn der Unterschied zwischen diesen Begriffen noch nicht klar definiert wurde; Kvavilashvili & Schlagman, 2011, schlagen vor, dass Monotonie ein definierendes Merkmal von aufdringlichen Erinnerungen ist).« Ira E. Hyman u. a., »Going Gaga: Investigating, Creating, and Manipulating the Song Stuck in My Head«, in: *Applied Cognitive Psychology* 27, Nr. 2 (2013), S. 204–215, hier: S. 204. Auszug übersetzt von Hanna Engelmeier.

Datei speichert die Stimme von einem Menschen, und ich gebe mich ganz der physiognomischen und medientheoretisch verpönten Hörweise hin, in der das wiederholte Abspielen dieser Datei wie eine Anrufung dieser Person ist,* dieses Autors, der sich dann, obwohl er nicht nur natürlich nicht anwesend, sondern sogar tot ist, für mich materialisiert, da ist dieses Beharren darauf, dass er doch da ist.

Dieses »da sein« ist eine kleine, gute Sache, ich wusste auch, auf welche Weise die Stimme da sein würde, und dass in dem Moment, in dem Wallace von der Auslieferung an den Monolog im eigenen Kopf spricht, eine kleine Ergänzung kommt, die vom Manuskript abweicht und über die einige im Publikum leise lachen. Wallace unterstellt, dass genau in diesem Moment vielleicht einige Zuhörerinnen oder Zuhörer mit diesem inneren Monolog beschäftigt sind und sich also *nicht* entschieden haben, hier in diesem Moment etwas anderes zu sehen, etwas anderes zu hören als sich selbst. Dieses leise Lachen war vorhersehbar, wenn der Monolog in meinem eigenen Kopf davon handelte, wie ich es schaffen könnte, dem Wissen, dass ich einen Fuß vor den anderen setzen oder ein- und ausatmen sollte, ein

* »Die Folge solcher und anderer Fehlurteile ist, daß das Ohr mehr und mehr illiterat geworden ist, und dementsprechend der literaturkritische Diskurs auditiv unsensibel. Auch die Narratologen denken nicht an die laute Stimme, wenn sie von der Stimme sprechen, und sie tun dies seit Gerard Genette, sondern stets an das ›Phantom‹ der Stimme im Text. Will man hier weiter kommen, muß man die Fragestellung verändern«. Reinhart Meyer-Kalkus, »Vorlesbarkeit – zur Lautstilistik narrativer Texte«, in: Andreas Blödorn u. a. (Hg.), *Stimme(n) im Text. Narratologische Positionsbestimmungen*, Berlin 2006, S. 349–382, hier: S. 353.

Wissen darüber hinzuzufügen, *warum* ich das tun sollte. Dabei sind Gründe dafür egal.** Wenn ich so durch die Gegend ging und über den Kopfhörer zuhörte, wie nach Minute 09:33 die Feststellung, dass wir »uniquely, imperially alone« seien, mit der größtmöglichen Härte aller verfügbaren Konsonanten ausgespuckt wird, dann wusste ich immerhin da, wie das klingen würde. Was immer mich beschäftigt hatte, war nicht exklusiv. Exklusiv ist nur mein Verhältnis zum Medium.

Und gewissermaßen ist das die Art von Kontrolle über das eigene Denken, die Fähigkeit, es in bestimmte Bahnen zu lenken, um die es im Kern der Rede geht. Den erreicht Wallace nach exakt 17 Minuten und 29 Sekunden. Ich weiß nicht, ob ich irgendwann mit dem Text auf den Ohren in den Supermarkt ging, den Wallace als Ort größter Alltäglichkeit und damit als Ort besonderer Bedrängnis einführt. Aber im Jahr 2020 dachte ich oft an ihn, bei all den Besuchen im Supermarkt, die für eine gewisse Zeit die einzigen Aktivitäten im öffentlichen Raum waren. Die Selbstisolation zu Hause mit den eigenen mehr oder weniger hilfreichen Gedanken war nun von Borderline-Solipsismus zu Solidarität geworden. Auf die höchstpersönliche Gedankenkontrolle kam es nicht an, *stay the fuck home*, was auch immer *the fuck* sein mochte.

** »[Tobias Haberl]: Aber man kann sich doch kein Leid wünschen, nur um nicht neurotisch zu werden? [Agnes Heller] Sie fragen, als ob das Leben ein Rätsel wäre, das man lösen könnte. Der Sinn des Lebens ist zu leben. Wir sind in die Welt geworfen, es gibt keine alternative Geschichte.« »Der Sinn des Lebens ist zu leben«, Interview mit Agnes Heller, in: *Süddeutsche Zeitung Magazin*, 29. Januar 2014, {https://sz-magazin.sueddeutsche.de/literatur/der-sinn-des-lebens-ist-zu-leben-80204}, letzter Zugriff 17.03.2021.

Für diejenigen, die den Eindruck haben, eine innere Hölle überall dorthin mitzunehmen, wo sie ihre alltäglichsten Wege eben hinführen, kann unter egal welchen äußeren Bedingungen auch der Supermarkt der Ort sein, an dem sie am heißesten brennt. Davon mal abgesehen ist der Supermarkt auch der Ort größter Unausweichlichkeit, den nur Menschen unter allerhöchsten Sicherheitsmaßnahmen stehend, mit allergrößter Paranoia oder vielleicht allergrößtem, Theo-Albrecht-artigem Reichtum dauerhaft vermeiden können. Egal, wie es dir da gehe, wie sehr es an dir zerre und das Leben einen auszehre, es sei möglich, so Wallace, auch eine Konsumhölle (von der inneren Hölle wird geschwiegen) als heilige Situation zu erleben, Mitgefühl und Verbundenheit zu erfahren, »on fire with the same force that lit the stars«.

Mein Abiturzeugnis nahm ich in einer Aula entgegen, die in meiner Erinnerung immer ziemlich dunkel und staubig ist, an der rechten Seite des Saales hingen die besten Ergebnisse einer Unterrichtsreihe zu Monets Gartenbildern, in der selbige mehr oder weniger erfolgreich stilistisch nachgeahmt wurden. Die Schule war während der längsten Zeit meines Besuchs dort eine Baustelle, da in ihren Siebzigerjahre-Waschbetonfassaden Asbest entdeckt worden war, der eine Totalsanierung erforderlich machte. Die Szenerie war nicht besonders trist, sondern bestenfalls durchschnittlich. Ein guter Ort, um wegzugehen, anderes zu wollen. Niemand sprach von Heiligkeit oder dem Feuer der Sterne, und ich hätte es vermutlich nicht gut aufgenommen. *This Is Water* erlaubt jenen, die selbst keine stark formalisierten, traditionellen Übergangsrituale erlebt haben, immer wieder an einem teilzunehmen, das eigentlich nicht für sie gedacht war, aber immer und immer wieder alle Fenster weit aufzureißen versucht: Schau halt raus.

»Not that this mystical stuff is necessarily true«, ergänzt Wallace, aber da hat er es ja schon gesagt, etwas hastig, bei Minute 17:35, nur das eine sei unumstößlich wahr, so wahr, dass es mit großem W zu schreiben sei, »you get to decide how you're gonna see it. This is, I submit, the freedom of real education.« Immerzu könne man sich neu entscheiden, ob man den anderen armen Trotteln im Supermarkt unterstelle, sie würden niemals so leiden wie man selbst, im eigenen Kummer sei man einzigartig, oder ob man sich vorstellen wolle, an welchem Knochen sie gerade nagen, woran sie würgen, was ihnen die Luft zum Atmen nimmt. Das Wichtigste ist, sich überhaupt fürs Weiteratmen zu entscheiden. Alles andere folgt.

Die Sache mit den Sternen und dem Feuer und der mystischen Einheit, in der wir uns als Schmerzensmänner und -frauen zusammenfinden, ist tatsächlich nur dann seltsam, wenn es als unwahrscheinlich erscheint, »jemand wie er« könne so sprechen. Jemand, der unter peinlichster Vermeidung jeder Peinlichkeit Hörbücher von sich veranstaltet, in denen er sich für die Idee entschuldigt, die vielen Fußnoten seiner Texte mit einer anderen Stimme vorzutragen als mit seiner üblichen Lesestimme, falls man diese Idee hasse, es sei nicht seine gewesen, der Rapper spricht doch ganz anders, so wie er es auch in dieser Aufnahme tut. Wann immer die Rede von der Wahl ist, die einem zur Verfügung steht, dehnt und drückt er die »oos« des *choosing* mit der ganzen Kraft seines Atems, und eventuell drückt der Atem so einfach weg, was nicht aufhört, peinlich und schmerzhaft und wahr zu sein.

Und eventuell sieht er in der Rede nur an dieser Stelle, in den Bemerkungen über die Möglichkeit eines Supermarktes als heiligem Ort, wirklich über sich hinweg: Er verwendet mit »Heiligkeit« einen Begriff, der sich eigentlich schon unmöglich gemacht hatte, sowohl 2005 als auch längere Zeit davor. Vielleicht ist es eben so, dass das nur dann geht, wenn die Literatur selbst als heilig gesehen wird, weil sie scheinbar Transzendenz und Größe und Ewigkeit anbieten kann, ganz im Gegensatz zu der Welt, die doch immer das ist: weltlich, und hier und jetzt eben da, zu einfach.

Die Lizenz für diese säkulare Predigt wird Wallace durch den Anlass erteilt, und so öffnet er nicht nur für den Abschlussjahrgang 2005 eine Tür, sondern viel mehr noch wird ihm selbst die Chance auf einen literarischen Modus erteilt, den er unter Umständen nicht gewählt hätte und danach auch nie wieder gewählt hat. Er redet gegen genau den Teil seiner Literatur an, der auf unsichere Nachwuchsintellektuelle besonders anziehend wirkt, das unendliche Spiel mit Referenzen, vollkommene Selbstbeherrschung in zerebraler Sportgymnastik. Es handele sich bei dieser Art selbstgefälligem Turnen um eine Verwechslung von Zweck und Mitteln, sagt Wallace, »the mind is an excellent servant but a terrible master«. Ein Amoklauf liegt nie außerhalb der Möglichkeiten, Wallace braucht nur 8 Minuten und 53 Sekunden, um dort anzulangen, »it is not the least bit coincidental that adults who commit suicide with fire arms almost always shoot themselves in the head, they shoot the terrible master«. Der einzige Ausweg sei es, sich von sich selbst zu entfernen und andere Menschen mit Aufmerksamkeit anzunehmen. Alles andere fresse einen bei lebendigem Leibe auf, jede Form der Anbetung der eigenen Klugheit, Kraft und Schönheit.

Was er sagt, funktioniert ja nicht, es hat als Abwehrzauber für Wallace nicht funktioniert, und wahrscheinlich hat es als Abwehrzauber für viele andere auch nicht ausgereicht. Es ist schwer, diesen Teil nicht als Warnung von einem anzunehmen, der an dieser Aufgabe gescheitert ist. Diese Schwierigkeit verstärkt die Warnung und auch die Trauer um den Tod von jemandem, der so viel anzubieten hatte, was er sich selbst am Ende nahm, statt darauf zu warten, dass sein Körper diese Arbeit selbst übernähme. In diesem Wissen liegt die Aufforderung, noch einmal genau hinzuhören, und noch einmal. Die Untröstlichkeit an einem nervtötenden Abend im Supermarkt ist für alle die gleiche.

Wir können uns entscheiden, wie wir den Supermarkt und jede Form von Alltäglichkeit beobachten und damit erleben wollen, und eine dieser Entscheidungen wäre es, die Aufnahme von Wallaces Stimme zu benutzen wie eine Art Turiner Grabtuch, als Abdruck und Speicherung von jemandem, der sterben musste, damit wir leben können, und so tun wir dies dann zu seinem Gedächtnis. ›Wir‹ tun dies aber wohl noch mehr für unser Gedächtnis, jedes Hören wird auch eingespannt als eine Erinnerung an Minute 17:35 ff., »please don't think I'm giving you moral advice or that I'm saying you're supposed to think this way or that anyone expects you to automatically do it, cause it's hard«.

Sie wird also nicht immer gut gehen, diese Übung. Das ist wohl das, was eigentlich wahr mit großem W ist, all diese Reden darüber, was Abspielgeräte oder ›Medien‹ für uns sein können oder sein sollen: Gadgets, Spiegel (beides Prothesen, also Hilfsmittel), Erweiterungen unseres Körpers, Ersatzteile, Replikationen davon, all das ist wahr und dann nehmen wir sie her und veranstalten eine Privatandacht in der Hosentasche damit. Was soll man sonst machen?

Vielleicht meditieren. Ich hatte gelesen, dass man dafür nur seinen Körper brauche, man könne irgendwo sitzen und es ausprobieren, die Gedanken beobachten, den Atem beobachten, man müsse nicht mal im Schneidersitz Platz nehmen, es ginge auch auf einem Stuhl.* Aber ich weiß nicht, wie ich es schaffen soll, mit geschlossenen Augen dazusitzen, und wie sollte ich wissen, wann es losgeht, mit der Meditation, wie sollte ich wissen, wann sie vorbei ist? Ich brauchte jemanden, der mir das sagen konnte, ich brauchte eine, die mir die Meditation zurechtlegte und vorsprach, so, dass ich sie ausführen konnte. Von mehreren Hundert angebotenen Hörbüchern, die ich im iTunes-Store finden konnte, wollte ich die meisten schon wegen der kleinen Icons, mit denen sie angeboten wurden, nicht mal probeweise anhören. Ich wollte nichts mit Buddhas und Blüten und Tropfen, die Kreise auf der Wasseroberfläche ziehen, ich wollte auf unspirituelle Weise meinen Geist entleeren, und wie das gehen sollte, solange ich zumindest vor mir selbst noch das Wort »Geist« verwendete, wusste ich nicht, nur, dass dabei kein Buddha vorkommen sollte. Auf der Webseite des Kölner Zentrums für Achtsamkeit kamen stattdessen Meditationen auf den Atem und solche, die »Liebevolle Güte für uns selbst und andere« heißen. Diese Übungen sind ganz gut, eine nicht zu hohe, nicht zu tiefe, ruhige, wenig modulierende Frauenstimme sagt einem, auf welche Weise man den Atem beobachten soll und dass es dabei nichts zu erreichen gibt, gelegentlich wird man auch darauf hingewiesen, man sei nun eins mit dem See, den sich vorzustellen man schon vorher beginnen soll. Und dass man sich im Alltag immer wieder einmal daran erinnern kann, dass man

---

* »Wenn man aus irgendeinem Grund nicht ruhig und der Geist nicht bei der Sache ist, ist das nicht schlimm: Dann beobachtet man seine Unruhe oder seine Langeweile oder seine Lust sich zu bewegen, und indem man sie beobachtet, rückt man sie in die Ferne und ist ein bisschen weniger darin gefangen. Ich selbst praktiziere diese Übung seit Jahren. Ich vermeide es, darüber zu sprechen [...].« Emmanuel Carrère, *Limonow*, übersetzt von Claudia Hamm, Berlin 2012, S. 379.

immerzu atmet, das sagt die Stimme einem auch, und dieser Gedanke wird »Qualität der Achtsamkeit« genannt. Es hängt alles davon ab, dass Anführungszeichen darum gesetzt werden, man kann sie nennen, wie man will, Eigentlichkeitssignale oder Idiosynkrasiemarkierungen, das sind ausgedachte Kategorien. Vielleicht lernt man im Kölner Zentrum für Achtsamkeit auch, irgendwann ohne Anführungszeichen über Achtsamkeit nachzudenken oder zu schreiben, ich glaube allerdings nicht, dass das etwas ist, das ich mir wünschen oder erlauben möchte; ich möchte auch nicht in einem Bus ohne Handschlaufen zum Festhalten fahren. Ich möchte sehr gern hören, dass mir jemand vorspricht, wie ich mich zu verhalten habe, aufrichten, durch die Nase bis in den Bauch atmen und so weiter, das geht so gerade, beobachten, wie die Gedanken kommen und gehen.

Noch mal von vorne. Ich habe gelesen, es gehe nur eins von beidem: Entweder du glaubst, dass auch eine technisch gespeicherte Stimme irgendetwas mit dem zu ihr gehörigen Menschen zu tun habe, oder du bist überzeugt davon, dass das eine fixe Idee von jenen ist, die nur nicht verstehen, dass es hinter all den Apparaten keinen Menschen mehr gibt. Aber dann habe ich gehört, dass das nicht stimmt: Da ist eine Stimme, ich kann sie doch hören, ich hab die Geräte, ich kann sie bedienen.

Alles muss man selber sagen

Beim zweiten Besuch habe ich die Stelle beinahe nicht gefunden. Ich kannte die Nummer des Grabs von Tante Hety, konnte sie aber auf dem Lageplan des Friedhofs Bügelstraße in Duisburg nicht erkennen. Der Plan war zu ausgeblichen, um darauf irgendetwas entziffern zu können, und Google Maps weiß nur, dass hier eine grüne Fläche zu finden ist, der Friedhof eben, aber die Nummern der Grabfelder kennt es nicht. Im Hintergrund donnerten Lastwagen über die Varziner Straße, es war Dezember und nieselte. Bei meinem vorigen Besuch waren mir die Armengräber nicht aufgefallen: Stelen mit den Namen von mehreren Leuten auf jeder Seite, die anscheinend keine Verwandten waren. Überall Namen und Text, kurze Sinnsprüche und Namen, Buchstaben auf dem Boden, die die einzelnen Grabfelder markieren, keine Orientierung. Einige ältere Frauen pflegten Gräber in der feuchten Kälte. Sie konnten mir auch nicht helfen, Tante Hety zu finden. Schließlich aber gelang es mir doch noch selbst. Rindenmulch, Buchsbaum und Heidekraut waren ordentlich auf einem kleinen Beet verteilt. Der Grabstein mit dem Engel, der mit weit ausgebreiteten Armen in den Himmel auffährt und von den Worten »Ich glaube an das ewige Leben« begleitet wird, stand gräulich und flankiert von einem großen Rhododendron da wie vor zuletzt etwas mehr als einem Jahr, als ich während der Beerdigung vor der offenen Grube gestanden hatte. Ich schaute mir alles genau an und machte ein Foto, das ich später an verschiedene Verwandte verschickte, um ihnen einerseits den gut gepflegten Zustand der Ruhestätte zu zeigen, aber andererseits auch, dass ich eben da gewesen war, ganz im Gegensatz zu ihnen. Ich hatte vergessen, eine Friedhofskerze zu kaufen, was ich mir vorwarf. Während ich am Grab stand, murmelte ich vor mich hin. Schon im Sommer hatte ich das Gedicht »Eingang« von Clemens Brentano auswendig gelernt, um es in diesem Moment aufsagen zu können. Ich kenne nur wenige Gebete, und sie zu sprechen kommt mir sehr kompliziert vor: Wenn man sich nicht in den Wechsel von Hoffnung und Enttäuschung einspannen kann, der für ein ordentliches Gebet wohl notwendig ist, fragt sich, warum man es überhaupt sprechen sollte, laut oder leise oder seinen Text nur im Gedächtnis abspulend.

Gerade neulich erst habe ich gelernt, dass das Murmeln eigentlich im Zentrum eines bestimmten Verständnisses von Liturgie steht. Geheimnisse des Glaubens sollten, so wollte es zum Beispiel Marshall McLuhan, am besten in lateinischer Sprache offenbart werden. Dieses Offenbaren soll aber wenn irgend möglich die Grenze des für alle Hör- und sogar Verstehbaren nicht überschreiten. McLuhan war deshalb gegen Mikrofone im Gottesdienst.* Auf dem Friedhof Bügelstraße stehend murmelte ich nicht, um einem mir folkloristisch gewordenen Katholizismus gerecht zu werden, sondern weil ich nicht wusste, wie ich mit mir während dieses Herumstehens umgehen sollte, ich murmelte, weil ich

---

* »[...] McLuhan beklagte den Niedergang der lateinischen Messe, eine Entwicklung, die er zum Teil der Verwendung von Mikrofonen während der Liturgie anlastete. Latein, so legt er dar, müsse gemurmelt, aber nicht tatsächlich hörbar gemacht werden. Was die Verständlichkeit angeht, hatte er recht: Zu McLuhans Zeit sollte Latein während der Messe nicht verstanden werden, die Details der Verkündigung durch ein Mikro zu hören mag also quer zu dessen Präsenz als Medium der Liturgie liegen.« Amy Hungerford, *Postmodern Belief: American Literature and Religion since 1960*, Princeton 2010, S. 58. Auszug übersetzt von Hanna Engelmeier.

ausweichen wollte: von einem hermetischen Text in den anderen. Ein lateinischer Text hätte sich noch besser dazu geeignet, denn Latein beherrsche ich noch weniger als das Beten. Lateinisch murmelnd an einem Grab in Duisburg-Obermeiderich stehend hätte ich dann also versuchen können, die größtmögliche Distanz zum Verstehen und zu der gesamten Situation einzunehmen. Immerhin wäre das ein geklärtes Verhältnis gewesen, eines, in dem ich mich entschieden hätte, den Abstand zwischen dem Ort und meinem Erleben mit möglichst vielen Lagen Sprache zu dämmen.

Denn es ist unklar, wie man sich am besten an einem Grab verhält, *wie es gerade selbst für einen gut ist*, hilft am wenigsten weiter. Wenn man beten kann, ist das zumindest für die Situation eine Lösung, es bedeutet aber auch, dass man bei einem ziemlich umfangreichen Programm mitmachen muss: »Das Gebet geschieht im Gegenüber zu einem angesprochenen Wesen – das kann auch eine ›Bergspitze‹ [...] sein oder ein fetischartiger Gegenstand –, von dem man alles erwartet, dessen man bedarf. Man kann sich beklagen bei ihm und auch bedanken, man kann es loben und ihm seine Sünden bekennen, zumal kann man ihm all das darlegen, dessen man bedarf.«[1]

In der Nähe der Bügelstraße gibt es keine Bergspitzen zu sehen, und zum fetischartigen Gegenstand hätte ich höchstens meinen Schlüsselbund, mein Portemonnaie oder mein Telefon promovieren können. Das fiel mir aber nicht ein. Als Aufgabe hatte ich noch im Sinn, dass man an einem Grab stehend, oder in anderen Situationen, in denen das Gebet als adäquates Verhalten erscheint, mindestens daran glauben muss, dass irgendein anderes Wesen in dem Moment irgendwie vorhanden und so auch ansprechbar ist. Wie soll das gehen? Natürlich kann man sich das vorstellen, aber für ein wirksames Gebet muss man es eben auch glauben. Das zu erreichen scheint ungefähr so wahrscheinlich wie die Tatsache, dass man eine Verwandte *wirklich* in der Erde verstaut hat und ihr Körper sich dort zersetzt, so wie es mit einem selbst irgendwann auch passieren wird, falls man keine andere Bestattungsform wünscht und diese dann auch umgesetzt wird, wenn es so weit ist. An der Vergegenwärtigung der Verwesung zu scheitern ist vielleicht nur die Vermeidung des Horrors, der zumindest für mich mit dieser Vergegenwärtigung einhergeht und den zu bekämpfen eine Funktion von erfolgreichem Beten sein könnte.

Die besondere Art von Fantasie, die notwendig ist, um diese ganze »anderes Wesen«-Geschichte mitmachen zu können, muss man trainieren. Und das ist dann wohl ein Glaube. Wenn man dabei nicht mitmachen kann oder will, aber trotzdem in formelhafter Weise ein Wesen anreden will, kann man sich ganz gut mit dem Murmeln anderer Texte helfen, denen wenigstens ein Autorenname zuzuordnen ist, Clemens Brentano zum Beispiel, klingt doch gut.

Ich hatte Brentanos »Eingang« nicht mit besonderem Bedacht aus einer großen Zahl verfügbarer anderer Texte ausgewählt, sondern weil mein Vater eine Zeit lang überlegt hatte, es im Zusammenhang mit der Beerdigung auf dem Partezettel oder in einer Ansprache zu verwenden, was er dann aber verwarf. Das Gedicht hatte ich auswendig gelernt, weil ich es ebenso schön wie unverständlich fand. Es ist ein recht hochgeschlossener Text mit starker Wirkung. Das Auswendiglernen schien mir der einzige Weg zu sein, um überhaupt zu begreifen, was darin gesagt wird. Am Grab stehend konnte ich genauso wenig wie jetzt darüber entscheiden, ob ich durch das Zerkauen, Schlucken und Verdauen der Verse das ganze Gedicht irgendwie besser verstanden hätte. Aber jedenfalls hatte ich »Eingang« so oft von meinem Telefondisplay abgelesen, dass ich »Was reif in diesen Zeilen steht / was lächelnd winkt und sinnend fleht / das soll kein Kind betrüben« vor mich hinmurmeln konnte, ich hatte »Die Einfalt hat es ausgesät, / Die Schwermut hat hindurch geweht, / Die Sehnsucht hat's getrieben« durchgekaut und mir derart reingedrückt, dass die Wörter nun auch meine waren.

Hier kann man jetzt allerdings sehen, wie ich einige Zeilen des Kapitels »Light Warrior« aus dem Buch *Chelsea Girls* abschreibe, in dem Eileen Myles eine zerfetzte Autobiografie vorlegt. Das Kapitel »Light Warrior« erzählt von einer quasi-göttlichen Sendung der Protagonistin, die schon beginnt, als sich in der Schule ein Mädchen den Johanna-von-Orléans-Comics ausleihen will, den Myles von ihrem Vater erhalten hat: »A girl in school wanted to borrow my Joan of Arc comic book and I replied I would have to ask my father which struck everyone as an odd reply.«[2]

Ein Comicbuch aus dem Jahr 1948 zeigt auf dem Cover eine Johanna von Orléans im Kettenhemd, die die Züge von Ingrid Bergman trägt. Bergman spielte Johanna sogar in zwei Verfilmungen der Geschichte von dem Bauernmädchen in Männerkleidung, das eine Armee von Franzosen gegen die englische Besatzung ins Feld führt.* Vielleicht geht es in »Light Warrior« aber auch um einen anderen Johanna-Comic: Es stehen mehrere

---

* Dazu Bergmans Tochter: »Das Interesse meiner Mutter für Johanna von Orléans hat mich immer verwundert, weil es schon begann, als sie noch sehr jung war, sie stellte Johanna in New York im Theater dar und natürlich sind da die Verfilmungen. Ich glaube, ihr ging es dabei um etwas an dieser Geschichte eines jungen Mädchens, das eine Stimme hört, die ihr sagt, dass sie bemerkenswerte Dinge tun wird, dass sie in die Welt gehen und großartig sein wird.« Pia Lindström, {https://www.youtube.com/watch?v=eVk5wPFgGy4}, letzter Aufruf am 18.02.2021. Übersetzt von Hanna Engelmeier.

zur Auswahl, die bereits während Myles' Kindheit in den späten 1950ern und frühen 1960ern verkauft wurden.

Was ist bemerkenswert an Johanna? »VI. IHR CHARAKTER. Sie war zutiefst religiös und glaubte, dass sie tägliche Unterredungen mit Engeln führte, dass sie sie von Angesicht zu Angesicht sah, und dass sie ihr rieten und sie trösteten und ihr Befehle direkt von Gott überbrachten. Sie hatte einen kindlichen Glauben an den himmlischen Ursprung ihrer Erscheinungen und Stimmen, und keine Todesdrohung konnte ihr treues Herz schrecken. Sie hatte einen schönen, schlichten und liebenswerten Charakter. [...] Auf dem Schlachtfeld ihres glänzendsten Sieges vergaß sie ihren Triumph, um das Haupt eines sterbenden Gegners in ihren Schoß zu betten und um seine entweichende Seele mit mitleidvollen Worten zu trösten; in einem Zeitalter, wo es üblich war, Gefangene abzuschlachten, stellte sie sich furchtlos vor die Ihren und rettete ihnen das Leben.«*

Johanna von Orléans kommt an vielen Stellen von Myles' Werk vor. Eine Aufzeichnung des spirituellen Unterhaltungsspektakels *Joan*, das Myles 1979 in der New Yorker St. Marks Church inszeniert hatte, ist nicht erhalten. Aber in *Inferno* heißt es, dass

---

* Mark Twain, *Meine geheime Autobiographie*, herausgegeben von Harriet Elinor Smith, übersetzt von Hans-Christian Oeser, Berlin 2013, S. 656. Mark Twain liebte Johanna von Orléans fast so sehr wie eine seiner Töchter, die früh verstorben war, vielleicht liebte er sie sogar noch mehr. Neben *Persönliche Erinnerungen an Jeanne d'Arc*, das er für sein bestes Buch hielt, verfasste er auch eine Einleitung zu einem anderen Buch über die französische Nationalheilige. Aus dieser stammt der Ausschnitt hier. Während Twain in seinem Lieblingsbuch einige Mühe darauf verwendet, sich beispielsweise auszudenken, dass Johanna als kleines Mädchen ein zahmes Eichhörnchen besaß, geht er in seiner Einleitung zur Darstellung der Heiligen anders vor, hier kann es kaum schlicht genug werden.

Joan das beste Stück sei, das Myles jemals und in irgendeinem Medium gemacht habe.[3] 1979 war Myles dreißig Jahre alt und lebte seit fünf Jahren in New York. Wenn man glaubt, was in *Chelsea Girls* über diese Zeit steht, war »Eileen Myles«** von damals vor allem damit beschäftigt, kaputte Beziehungen mit Frauen zu führen, Drogen zu nehmen, irgendwie an Geld zu kommen, an noch ein bisschen Geld zu kommen, scheiße, kein Geld bekommen usw. Vieles, was für Myles' Werk entscheidend war oder werden sollte, fand in einer ehemaligen Kirche statt, eben jener St. Marks Church, die einen Workshop für Autorinnen und Autoren veranstaltete, der bis heute besteht und der nach wie vor Schauplatz einiger von Myles' Buchpremieren ist. Zu Hause in einer umfunktionierten Kirche, zu Hause in Clubs, die nun ihre eigene Privatmythologie pflegen, zu Hause in einem ukrainischen Diner, in dem Junkies, *poets* und angeblich alle anderen abhingen, zu Hause in einem S/M-Club namens ASS-Tricks, so ging das offenbar.

Vor allem aber schrieb Myles Texte. Was für Texte? »Poetry« – die Art von Text, die es im Deutschen nicht geben kann. »Poetry« wird *chez nous* bleischwer zu »Poesie« oder »Dichtung«, und das in der *poetry* aufgehobene *Cool* der New York School muss für das 20. Jahrhundert und alles, was danach kam, ungefähr das sein, was Italien im 18. Jahrhundert von Deutschland aus zu sein schien. All das kriegt man ja kaum in einen Text gestopft. Myles schon. 1981 erschien *A Fresh Young Voice from the Plains*. Danach

---

** Ein Interview mit Shoshana Olidort: »INTERVIEWERIN: Handeln die Gedichte in *Evolution* von Eileen Myles? MYLES: Da ich alle Informationen über Eileen Myles habe, warum sollte ich sie nicht benutzen? Aber ich bin genau so sehr eine Fiktion wie alles andere.« {https://www.theparisreview.org/blog/2018/09/05/trump-is-a-performance-artist-an-interview-with-eileen-myles}, letzter Aufruf 18.02.2021, Auszug übersetzt von Hanna Engelmeier.

war die Sache mit dem *poet*-Leben alles andere als eine gemähte Wiese, aber ab da ging es los.

Um *poetry* zu schreiben, muss man wohl am besten mit anderen *poets* Zeit verbringen, mitschreiben, konkurrieren, lernen. Das war der Job von Myles, und ein wenig zahlte der sich auch tatsächlich aus: Eine ganze Weile lang versorgte Myles James Schuyler,* einen Dichter-Freund von W. H. Auden, mit French Toast, während er sich zum Sterben im Chelsea Hotel eingerichtet hatte. (Das Foto, das Hannah Arendts Eloge »Remembering W. H. Auden« im *New Yorker*[4] illustriert, zeigt den mit hochgezogenen Schultern durch den Schnee stapfenden Dichter, der scheinbar zu große Schuhe trägt. Nach Auskunft von Arendt war er nicht darüber informiert, dass man zwei Anzüge braucht, einen zweiten, den man tragen kann, wenn der erste beim Schneider ist. Der Ort, an dem Auden durch den Schnee stapft, ist laut Bildunterschrift St. Mark's Place im New Yorker East Village, um 1960.

---

* »Schuylers Lyrik gibt sich gut beschäftigt mit Nichtstuerei. Liebevoll behandelt er Ereignislosigkeit und Mußestunden in aller Ausführlichkeit; da sind Frühlingsvormittage in Chelsea, Sommernachmittage in Southampton und Herbstabende in Vermont. In den mehr als vierhundert Seiten seiner gesammelten Gedichte gibt es nur wenige Bemerkungen (und die sind meist abschätzig) zu irgendeiner Art von Erwerbsarbeit; Berufe wie die eines Buchhändlers oder eines Protokollanten für die Sendungen der *Voice of America* lenken bloß von der eigentlichen Arbeit des eigenen Schreibens ab. Weitgehend befreit von täglicher Plackerei widmet sich Schuyler lieber unvorhergesehenen Ereignissen und seinem muskulösem Esprit, mit dem er beobachtet, assoziiert und reflektiert. All diese Vorgänge steuern die gesamte Machart seiner Gedichte, ohne dabei zu dominieren.« Joseph Conte (Hg.), *Dictionary of Literary Biography* 169: *American Poets Since World War II*, {http://www.acsu.buffalo.edu/~jconte/James_Schuyler_DLB.htm}, letzter Aufruf 18.02.2021, Auszug übersetzt von Hanna Engelmeier.

Man könnte sich etwas über eine Staffelstabsübergabe zurechtlegen, aber für den Moment reicht es vielleicht zu sagen, dass hier wieder einmal alles in einer winzig kleinen Welt zusammenschnurrt, denn »everything described as Bohemia is just someplace you fall«[5].) Man braucht ja nicht so zu tun, als käme solche Kenntnis von etwas anderem als dem Bücherlesen, und nichts anderes behauptet auch Myles: »I'm from a family of readers«,[6] das ging scheinbar von Anfang an so, »in my room as a child, a room I was now living in for the last time, I would spend hours gazing at the peace of my bookcase, all the books I had read and the pit of my stomach would drop in the midst of the peace«.[7]

In einem Interview in der *Los Angeles Review of Books* hat Myles von dem prägenden Einfluss der Collier's Junior Classics gesprochen,[8] diese Nacherzählungen von Rittergeschichten usw. aus den Jahren 1918 und 1919 müssen gemeint sein, und eben das »Joan of Arc comic book« aus »Light Warrior« als »instruction manual«[9] bei der Ausbildung zur Lichtkriegerin. Nein, solche Bücher wird man nicht schnell los. Und so kommt Myles auch vierzig Jahre nach der Erstaufführung von *Joan* auf Johanna von Orléans zurück, die neben ihrer Karriere als Märtyrerin, Nationalheldin und Heilige schon seit einiger Zeit als Aktivistin für trans Personen *avant la lettre* verehrt wird.**

** »Johanna von Orléans erlitt lieber den unerträglichen Schmerz, bei lebendigem Leib verbrannt zu werden, als ihre Identität aufzugeben. Ich kenne diesen rasenden Hass, der zum Morden antreibt – ich bin ihm selbst begegnet. Aber ich wünschte, ich hätte alles über ihr Leben und ihren Mut erfahren, als ich ein:e verängstigte:r, verwirrte:r trans Jugendliche:r war. Was für ein inspirierendes Vorbild: ein bäuerlicher transgender Teenager, der eine Armee von Arbeitern in den Kampf führt.« Leslie Feinberg, *Transgender Warriors. Making History from Joan of Arc to RuPaul*, Boston 1996, S. 36. Auszug übersetzt von Hanna Engelmeier.

Ein Beitrag, den Myles im Juni 2019 für das *Harper's Magazine* schrieb, beschäftigt sich mit dem 50. Jahrestag der Stonewall-Unruhen in der New Yorker Christopher Street, die zu einem wichtigen Gedenktag der LGBTQI-Gemeinschaft geworden sind. Der Text handelt von den zunehmenden Erkenntnissen über die Rolle von trans Personen bei den Auseinandersetzungen mit der Polizei nach einer Razzia im Stonewall Inn, einer der wenigen dort angesiedelten Bars, in denen sich LGBTQI-Personen überhaupt treffen konnten. Johanna von Orléans kommt als ein frühes Beispiel dafür vor, was denen droht, die sich nicht in den Geschlechtskonventionen zurechtfinden, deren Dominanz Myles seit den 1970er-Jahren selbst unterläuft: »Joan of Arc was burned for being in drag, that was her crime. In her first trial she agreed to stop wearing men's clothes and in jail where she was constantly threatened with violence and rape they took away her female clothes and left some men's duds, perhaps a nice rugby shirt, jeans and some socks, a pair of loafers. She put them on to protect herself from sexual assault and the rest is history.«[10]

Vielleicht hatte Johanna von Orléans ein Rugbyshirt an, vielleicht auch nicht, vielleicht war es eher, und so legen es alle Erzählungen nahe, eine Art Unter- und darüber ein Kettenhemd. Ihr *drag* ist ein zentraler Teil der Geschichte*: »Bezüglich des Artikels über Kleider und Waffen, die sie getragen hat, sagt sie, daß es mit Erlaubnis Gottes geschah. Auf die Frage nach dem Ablegen ihrer Kleider antwortet sie, sie werde nicht ohne die

---

*Wenn ich das so sage: »Das ist *drag* als Unterhaltung auf High-Het-Niveau [...].« Judith Butler, *Körper von Gewicht. Die diskursiven Grenzen des Geschlechts*, übersetzt von Karin Wördemann, Frankfurt/M. [9]2017, S. 179.

Erlaubnis Unseres Herrn von ihnen lassen, und sollte man ihr den Kopf abschlagen. Aber wenn es ihm gefällt, wird sie sie sogleich ablegen.«[11]

Zur ihren Taten hat sie sich nicht allein durchgerungen. Johanna hörte Stimmen, die der heiligen Katharina und die der heiligen Margareta. Begleitet wurden diese Stimmen von einem schönen Licht, das immer bei ihnen war und das auch sie immer begleitete. Sie habe schon in jungen Jahren gewollt, dass der König der Burgunder sein Reich bekomme, sagt Johanna in ihrem Prozess, der gegen sie wegen »Schisma, Abgötterei, Teufelsbeschwörung und anderen Untate[n]«[12] geführt wird. Sehr einfach abzulesen sind all diese Vergehen an ihrer Kleidung, daran, dass sie sich anmaßt, sich nicht als das auslesen zu lassen, was andere in ihr sehen wollen. Mit der Unterstützung von einem schönen Licht und gewandet in ein Rugbyshirt (Fragezeichen), entschließt sie sich zum Kampf, die Stimmen reden ihr zu. »Ferner sagt sie, daß sie auch den Rat des heiligen Michael erhalten hat. Gefragt, wer als erster kam, antwortet sie, daß es der heilige Michael war. Gefragt, ob das lange her ist, antwortet sie: ›Ich spreche nicht von der Stimme des heiligen Michael, sondern von großem Trost.‹«[13]

Dieser Trost kommt in der schwierigsten Stunde, die neunzehnjährige »Pucelle«, die mit Vergewaltigung und Tod bedroht wird, hat das Licht gesehen. Für sie eine Offenbarung, für andere Einbildung. Von dieser Einbildung hängt alles ab und sie ist es auch, die diese Johanna-Figur direkt ins 20. Jahrhundert trägt, das sich daran abmüht, eine eigene Sprache dafür zu finden, was sie erlebt. Das Phänomen bleibt sich gleich. Manchmal sehe man einen Film, schreibt Myles, in dem jemand etwas wirklich Schwieriges vollbringe, Krieg führe, seine Familie verteidige, sehr weit gehen müsse. Und das sei eine eigene

Art von Erleuchtung, »in fact people often look radiant suffering. How often have you told someone they look fabulous and they say thanks cause I feel terrible. And you can see it right behind their eyes. Terrible puts a candle in there. Terrible turns on the light. You wonder if people are just empty when they're moving forward with the plan. When it's all on the outside and the world is full of light, but when you suffer the light is *in*. It's all yours.«[14]

So wird man wohl zu einer Lichtkriegerin, *Light Warrior*. Mit dem Gefühl, dafür noch üben zu müssen, schreibe ich weiter bei Myles ab, etwas darüber, wie das geht, eine bedeutsame Person zu werden, die nicht allein nach ihren Werken beurteilt wird: »I am a significant person, maybe a saint, or larger than life. I hear that you judge a saint by her whole personality, not just her work.«

Ja? Wo steht das? Immer noch in dem gleichen kurzen Kapitel darüber, wie man sich als Kriegerin der heiligen Johanna und einem Sonnenstrahl anähnelt, immer weiter in den Bereich der Heiligkeit rückt: »I see my existence as similar to that of a sundial's when I simply stand, and slowly the notion of movement is suggesting itself to my consciousness and action is also appropriate in the realm of the saint, the character who begins her life in the windows of a church, in the religious air of her own imagination until history lines up with her nature, and the path becomes clear –«.[15]

Auch diese Sätze hatte ich einmal versucht so durchzukauen und zu verschlingen wie Brentanos »Eingang«. »Und hat sie einsam und verschmäht / Die Nacht durch, dankend in Gebet, / Die Körner ausgerieben« – Ja, was ist dann? Was ist die Belohnung dafür? Warum sollte man einsam und verschmäht beten wollen? Myles' Zeilen sind für mich ungefähr genauso opak und genauso eingängig wie Brentanos Verse, unmittelbar einleuchtende, wenn auch nicht verständliche Fremdsprache, in der ich zum Wiederholungszwang neige: »Liest sie, als früh der Hahn gekräht / Was Lieb erhielt, was Leid verweht / Ans Feldkreuz angeschrieben«.

Es ist an der Zeit, diese Freude am Nicht-Verstehen anzugreifen (ist es nicht?): Die Literaturwissenschaft hat was im Angebot. Seit den 1960er-Jahren, lese ich bei Amy Hungerford nach (die wiederum bei John Guillory nachgelesen hat),[16] wird ein bestimmter Formbegriff als entscheidendes Kriterium für Hochwertigkeitserfahrungen mit Literatur angesetzt. Insbesondere gilt das für Poesie, Alter und Aussehen egal, Inhalt egal. Und das mit gutem Grund: Hungerford bezieht sich auf die *New Critics*, die von einer Transzendenz träumten, in der die Bedeutung der literarischen Form endgültig die der Inhalte eines Textes überschreiten würde. Von Interesse sind dann vor allem solche Gedichte, deren Gehalt oder gar Wahrheit sich Interpretationen letztlich entzieht. Und das gelingt natürlich besonders gut, wenn gar kein Inhalt erkennbar ist, der irgendwie interpretierbar wäre. Das Gedicht wird zu einem leeren Tabernakel, aber immerhin einem Tabernakel. Es gibt nur einen, der die Tür aufmachen darf, und das ist der Priester.

Der Vorwurf ist offenkundig: Wer zu dieser Art Literatur pilgert, tut dies vor allem, um sich vorm Ansturm ungewaschener Rotten zu schützen, die vielleicht auch mal an einer schweren Tabernakeltür herumfummeln wollen, um zu erfahren, was dahinter ist. Der Vorwurf wiegt auch schwer, weil er auf einen elitistischen Literaturbegriff verweist. Ob er zutreffend ist, diskutiert Hungerford.

Ich schreibe noch mal bei Myles ab: »I wanted to make a film more than anything else and so did my girlfriend (for much of this time) but how could *we* make a film. We had so little. People were making films around us in the East Village and we weren't even seeing them but we were hearing about them and we wanted to make a film too. And we tried one night and we thought about it for months and I don't think I even saw the footage for years [...] but the point was we made an attempt and finally I just wrote about it. [...] Because we couldn't make a film I just had to decide that writing could be a film.«[17] Manchmal ist die Form oder sogar ein Medium auch bloße Not und Entscheidung und Erfindung; Transzendenz nur die Überschreitung dessen, was jetzt gerade geht.

Auf dem Familienfoto aus dem Jahr 1941 sieht man die Familie Müller vor ihrer Haustür in der Mylendonkstraße in Duisburg-Meiderich stehen. Der Fotograf ist unbekannt, eventuell war es kein Profi. Jedenfalls ist der Fuß von Tante Elisabeth am Bildrand abgeschnitten. Vater und Mutter Müller stehen leicht schräg zueinander versetzt, um sie herum ihre vier Töchter. Ein paar welke Blätter liegen auf dem Bürgersteig, es scheint aber halbwegs warm zu sein, alle sind eher leicht bekleidet. Links hinter der Mutter steht Klara in einem hochgeschlossenen gepunkteten Kleid. Auf der zweiten Treppenstufe des Aufgangs und damit leicht erhöht zwischen den Eltern steht Mathilde, meine Oma. Ihr Gesichtsausdruck ist etwas angespannt, vielleicht gelangweilt. Auch ihr Kleid ist dunkel, hochgeschlossen, vorn in Brusthöhe hat sie eine runde, schlichte Brosche angesteckt. Hedwig, die mit etwas Abstand zu ihrer Linken steht, ist im Halbprofil zu sehen, die Arme leicht herabhängend, mit der Andeutung eines Schmunzelns im Gesicht. Sie ist die Jüngste, geboren 1925, und wird Hety genannt. Ihr Leben verbringt sie wie ihre Schwester Klara, die Klärchen heißt, in einem Diminuitiv. Ihren

Nachnamen, den Namen des Vaters, behalten sie ihr ganzes Leben.* Hedwig, die noch nicht Tante Hety ist, steht fest auf beiden Beinen, ihre Schwester Elisabeth, die neben ihr ebenfalls im Halbprofil steht, hat das linke Bein leicht vorgestellt, ihr Kleid hat zwei Schleifen, eine auf der Brust und eine um die Taille.

In der Mylendonkstraße ist die Mutter in einem schlichten dunklen Kleid vors Haus getreten. In der Textur des Stoffs sind schwach Blumen erkennbar und unter dem weiten Ausschnitt ist eine wiederum bis zum Hals reichende Bluse auszumachen, deren Brustteil mit vielen zierlichen kleinen Troddeln verziert ist. Der Vater trägt einen Anzug, seine Augen sind verschattet, seine Kieferpartie hat sich bei einigen Nachkommen durchgesetzt (hallo!). Dieses Foto ist nicht durch Zufall entstanden, der Anlass dafür, im zweiten Kriegsjahr so in Aufstellung zu gehen, ist nicht bekannt. Es befindet sich in einem alten Fotoalbum, das das Leben von Klärchen von 1918 bis 1988 dokumentiert, es ist das zweiundzwanzigste Foto in dieser Sammlung, danach folgt noch eines aus dem Arbeitsdienst von 1943, das nächste stammt aus dem Jahr 1951.

Es sind ganz offensichtlich besonders präsentable Kleider, die alle Mitglieder der Familie Müller auf dem Bild aus dem Jahr

---

* »Die Frauen werden dadurch schicklich, daß sie durch den Tausch von Namen einen änderbaren Namen haben, was bedeutet, daß der Name nie beständig ist und daß die vom Namen gesicherte Identität immer von den sozialen Erfordernissen der Paternität und der Verheiratung abhängt. Demzufolge ist die Enteignung die Bedingung der Identität für Frauen. Identität wird geradezu in der und durch die Übertragung des Namens gesichert, durch den Namen als einen Ort der Übertragung oder Ersetzung, durch den Namen also als genau das, was immer unbeständig ist, eher different zu sich selbst, als es selbst, das Nicht-selbst-Identische.« Butler, *Körper von Gewicht*, S. 214.

1941 tragen, wofür es verwendet werden sollte, weiß ich nicht. Es gab danach nicht mehr sehr viele Gelegenheiten, an denen alle zusammenkommen konnten. Den Krieg und den Nationalsozialismus kann man auf diesen Zivilistenfotos nur dann sehen, wenn, wie auf der gleichen Seite vermerkt, Vetter Wilhelm 1941 in Warendorf Urlaub macht und in Wehrmachtsuniform mit seiner Base Klärchen posiert. Immerhin gibt es ein Foto, das in einem Album klebt, immerhin wird es aufbewahrt. Das liebe Geld. Irgendwer konnte einen Fototermin oder sogar einen eigenen Fotoapparat und die Entwicklung bezahlen.

Wenn ich sehen möchte, wer Tante Hety war, muss ich dieses Album anschauen. Also: Da steht ein sechzehnjähriges Mädchen im Kreis seiner Familie, vielleicht trägt es sein bestes Kleid, und ganz unabhängig von all dem, was an der Jahreszahl 1941 hängt, weiß es noch nicht, was auf es zukommt, was sein Leben sein wird. Das, was ich heute über seine Zukunft weiß, ist ganz fragmentarisch, und es stammt zum Teil allein aus Erzählungen oder aus der Familienfolklore. Die Familie Müller war katholisch und fromm, rheinisch-katholisch und westfälisch-katholisch gemischt. Der Katholizismus lag allem zugrunde, auch in dieser speziellen Familienaufstellung. Von einer Tante mit Spitznamen Pille erhielt Tante Hetys Mutter 1913 einen Brief zu der Frage, ob sie sich verheiraten solle, einen Kandidaten gab es schon: »Glaubst Du für den Ehestand berufen zu sein, so nimm Gott und Deine Familie zu Rate. Ist dieser Herr ein guter Katholik und in der Lage, eine Familie zu ernähren, dann nur nicht so ängstlich.«

Ich habe den Zeitpunkt verpasst, Tante Hety selbst zu fragen, wie eine so programmierte Erfahrungswelt mit der Tatsache zusammenhängt, dass sie wie ihre Schwestern Elisabeth und Klara nicht heiratete und mit Klara in einer Wohngemeinschaft lebte, bis sie in ein Altersheim umziehen mussten. Es war eine spezielle Form der *Boston Marriage*: nur eben nicht aus freien Stücken und als Freundschaft plus gestaltet, sondern eher wie eine familiäre Vernunftehe. Man arrangiert sich halt. Eine andere Frage wäre, ob es einfach keinen verfügbaren guten Katholiken gab, beziehungsweise keinen, der gut genug war im Katholik-Sein (u. a.).

Nachdem Tante Hety an ihrem letzten Wohnort mehrere Schlaganfälle erlitten hatte, schrieb sie als Übung immer noch weiter. Vor mir liegen mehrere Zettel in DIN-A6-Format, die mehr oder weniger diagonal und zittrig von Hand mit ihren Erinnerungen beschrieben sind. Da steht nicht viel. Als sehr kleines Mädchen konnte sie morgens, noch in ihrem Kinderbett im Schlafzimmer der Eltern liegend, sehen, wie ihre Mutter im Flur Licht machte und die dünnen Haare über einem Drahtkorb in einen Dutt legte.

In dem Haus in der Kerkerinckstraße, das sich »die Tanten« bis zum Umzug in eine sogenannte Einrichtung geteilt hatten, war ich oft zu Besuch. Die Löffel für den Nachtisch, an denen für mich als Kind abzulesen war, ob es ein gutes Essen werden würde, hießen »die kleinen Propheten«, schließlich hatten sie etwas Wichtiges anzukündigen: Dosenpfirsich als anerkannten Nachtisch, beispielsweise. Eventuell war es ein Witz, oder die Hoffnung der ehemaligen Religionslehrerin, dass meine Schwester und ich Fragen nach den Propheten stellen würden, die sie hätte beantworten können. Aber ich hatte mehr Sinn für Nachtisch. Vor und nach dem Essen wurde gebetet, bei uns zu Hause nur vor dem Essen, unter anderem bei den Tanten habe ich wohl als Kleinkind zum ersten Mal gehört, wie man das macht.

Dafür muss man nicht lesen und schreiben können, mitmachen reicht ja ganz aus. »Johanna kann nicht lesen. Ihr ganzer

Glaube – sie hat es gesagt – stammt von ihrer Mutter und gründet auf drei kurzen Gebeten. Aber sie hat den Bettelbrüdern zugehört, die auch in den Dörfern predigten. Man nannte sie Begine, das heißt Anhängerin der neuen Frömmigkeit, die in unmittelbarer Verbindung mit Gott zu leben suchte.«[18] Das Entscheidende an dieser Beschreibung ist die »unmittelbare Verbindung«. Wer hätte nicht gern eine unmittelbare Verbindung, an welche Adresse ist dabei fast schon egal. Wenn sich hinter dieser Adresse jemand verbirgt, der sich nur unter bestimmten Bedingungen zeigt und den kennenzulernen auch deshalb von besonderer Schwierigkeit ist, steigen im Prinzip die Chancen darauf, eine »unmittelbare Verbindung« herstellen zu können: Sie ist halt einseitig und nur für einen selbst feststellbar.

Der Vorteil des Betens besteht dann auch darin, dass man damit schon anfangen kann, selbst wenn man noch darauf wartet, dass sich diese Relation einstellt, man kann sogar im Gebet darum bitten. Fragwürdig, ob das eine gute Nachricht ist, denn: »An die Stelle des Heiligen Geistes tritt die Selbstreflexion. Alles Entscheidende und Heilsame, was der Mensch erfährt und weiß, muß er sich nun selber sagen – auch im sog. Gebet.«[19] Alles muss man selber machen, insbesondere Seelenheil. So war das nicht gedacht. War das so gedacht? Zum Beten angehalten war ich als Kind und auch danach an allen möglichen Orten, in Gottesdiensten natürlich, beim Essen, an Gräbern stehend. Wenn ich in der Kerkerinckstraße schlief, sollte auch vor dem Einschlafen gebetet werden: Gefragt, wofür und mit welchen Worten ich denn beten solle, schlug Tante Hety mir das Wohlergehen meiner Eltern und meiner Schwester und vermutlich aller Menschen vor (als Dekoration im Flur hingen Bilder »aus Afrika«, wohin sie via Misereor viel spendete, und Wasserflaschen und Schmuck gleichen Ursprungs). Dagegen hatte ich nichts einzuwenden.

Gefragt, wofür sie denn selbst bete, antwortete sie, dass sie mir das nicht sagen würde, das sei ihre Sache, das solle man mit sich selbst ausmachen. Da ist also ein Text, den man sich selbst ausdenken muss und der nur für einen selbst da ist, wenn auch als Anliegen, das eventuell andere betrifft.

Selbstverständlich gibt es soziale Gruppen, in denen man das genauso mitteilen kann, also dass man für die und die gebetet habe. Ich lebe aber nicht in diesen Gruppen. Sie sind mir genauso fern wie die Katholiken, die Emmanuel Carrère am Ende von *Das Reich Gottes*, seiner umfangreichen Reflexion auf den Unglauben, beschreibt. Nachdem er eine Weile lang als erweckter Christ gelebt, viele Seiten mit einem Kommentar des Johannesevangeliums gefüllt hat, fällt er langsam vom Glauben ab. Er merkt, dass er durch seine Selbstwahrnehmung als »ein Schlauer, ein Reicher, einer aus der Oberschicht«[20] es nicht schafft, in jene »Wirklichkeit der Wirklichkeit« einzudringen, »in der der Kleinste der Größte ist«.[21]

Sein Scheitern wird in dem Moment plastisch, in dem er an einem Gründonnerstag an der rituellen Fußwaschung einer Gruppe von Katholiken teilnimmt, die auf einem Bauernhof mit einer Gruppe von Menschen mit Behinderung zusammenleben und diese aktiv in ihren Ritus einbeziehen. Er versucht, sich ihnen anzuähneln, sowohl durch das Anlegen von Kleidung »in diesem Wanderstil, der bei Katholiken besonders beliebt ist«, als auch durch die Teilnahme an einer Polonaise, die nach der Fußwaschung und begleitet vom Gesang eines »Jesus ist mein Freund«-Liedes stattfindet.[22]

In einer hochnotpeinlichen Szene beschreibt Carrère, wie ihn die Lebensfreude eines Mädchens namens Élodie, das Trisomie 21 hat, so mitreißt, dass er kurz das schaut, was er für das Reich Gottes hält. Dieses wird von ihm so beschrieben, als sei es ein Zustand, in dem die auch hier bei mir stattfindende Beschreibung der Situation eigentlich gar nicht mehr möglich ist. Die Differenzen, die darin zum Tragen kommen, sind nicht mehr verständlich, wenn man wirklich Teil dieses Reichs wird. Die Einübung in die Wahrnehmung der Unterschiede von schlau/nicht schlau, arm/reich, Oberschicht/Unterschicht, mit/ohne Behinderung kann sich Carrère nicht abtrainieren, und auch mir misslingt es in meiner Nacherzählung, sie nicht zu reproduzieren. Carrère ist am Ende eines übrig geblieben: ein affektives Verhältnis zu einem Text, nämlich dem Johannesevangelium und seinem Kommentar dazu (und dass er sein eigenes Buch über ebendiesen Weg ganz gut findet, verschweigt er auch nicht).

In einem Interview, das Anthony Hopkins zu seiner Rolle als Exorzist im Film *Das Ritual* gab, sprach er davon, dass er kein besonderes Verhältnis zum Glauben oder zum Beten habe, aber dass er im Zusammenhang mit seiner Rolle begriffen habe, dass es dabei darum gehe, die besten Teile von sich selbst anzusprechen.* Und nur acht Jahre später konnte er dann schon in *Die zwei Päpste* Benedikt XVI. spielen.

---

*»Darüber hinaus und verbunden damit läßt sich jedoch in Konsequenz der obigen Darlegungen mindestens fragen, ob nicht im heutigen Gebet zwar die persönliche und soziale Selbst-Vergewisserung besonders motiviert zum Ausdruck kommt, zugleich jedoch die Vergewisserung des zum Heil und durch Verheißung sinnhaft hervorgetretenen dreieinigen Gottes zunehmend verblaßt. Der paulinische Satz (Röm 10,14a.b), ›Wie sollen sie den anrufen, an den sie nicht glauben? Wie sollen sie aber an den glauben, von dem sie nichts gehört haben?‹, scheint hier eine aktuelle und aktuale gebetspraktische Dimension zu bekommen.« Ratschow u. a., »Gebet«, S. 100.

Bei anderer Gelegenheit soll ich mal sagen, was mich ausgerechnet an »Light Warrior« so begeistert. Ich komme über den Text nicht hinweg, und es war einer der ersten, den ich von Myles gehört habe. Danach habe ich ihn sehr oft gelesen, etliche Male habe ich mit *Chelsea Girls* angefangen, ohne weiter als bis »Light Warrior« lesen zu können, weil ich mich jedes Mal, wenn ich mit dem sehr kurzen Kapitel fertig war, erst einmal davon erholen musste, dass man all das, was dort steht, einfach so sagen kann. Die Sache mit der selbstgewählten Heiligkeit, *larger than life*, »let's say I've been always brilliant in the realm of play«.[23]

Ich bin nur durch Zufall an den Text geraten, bei einer Studienreise zum Edinburgh International Book Festival ging ich mit meinen Kolleginnen und Kollegen zu Myles' Lesung. Von *Chelsea Girls*, *Inferno* oder *Cool For You* hatte ich nie gehört, ich war ziemlich lustlos und hatte dann ein *first contact*-Erlebnis. Falls man sich zu einem Begriff wie Mylesianer:in hinreißen lassen würde, müsste davon die Rede sein, dass die meisten davon sprechen, wie sie Myles zum ersten Mal *hörten*, und dabei geht es nicht notwendigerweise um ein Live-Erlebnis, »I would call that reading for inspiration. I would call that a feeling«.**

** »Als Erstes bemerkte ich an Myles, dass ihre Stimme auf der Buchseite so klingt, als läse sie mir vor. Mein Schreiben, das alles und nichts bedeutet: ›Nasse Worte auf schlaffem, weichem Papier. Heilig heilig heilig.‹ Ich liebte jeden von Myles' Sätzen, ich konnte nicht genug davon kriegen. [...] Wenn ich ein Buch lese und alle fünf Seiten eine Pause machen muss, um an meinem eigenen Text weiterzuschreiben, dann kann ich sicher sein, dass dieses Buch etwas Besonderes ist.« Rachel Hurn, »Marks on Paper: Eileen Myles's *Chelsea Girls*«, 14. März 2013, {https://www.theparisreview.org/blog/2013/03/14/marks-on-paper-eileen-myles-chelsea-girls}, letzter Aufruf am 18.02.2021, Auszug übersetzt von Hanna Engelmeier.

Myles hat bei dieser Gelegenheit unter anderem »Light Warrior« gelesen, im Stehen, ohne die Stimme dabei groß zu heben oder zu senken. Es gibt sogar Forschung dazu, diese sogenannte »poet voice« wird als monotone Beschwörung beschrieben.[24] So war unklar, wo Sätze nun eigentlich anfingen oder aufhörten, und ich hatte den Eindruck, dass Myles damit das Pathos von Zeilenumbrüchen vermeiden wollte, was in denjenigen Myles-Texten, die als Gedichte verkauft werden, nicht immer der Fall ist. In meinem Exemplar von *Chelsea Girls*, das ich mir an diesem Abend kaufte, fand ich dann bald den Text wieder. Auf dem Papier hatte ich den Eindruck, dass dieser Text wohl doch kein Gedicht sein sollte, immerhin gaben auch alle anderen Texte im Buch vor, mehr mit Prosa zu tun zu haben. In der Einleitung zur Neuausgabe von *Chelsea Girls* aus dem Jahr 2015 steht, dass für dieses Buch, mit dessen Gattungsbezeichnung sich viele schwertun, der eher anspruchslose Begriff »long-form poetry« geeignet sei, weil es ja auch so sei, dass niemand wusste, wie Poesie überhaupt aussehen könnte, als sie erfunden wurde, warum also sollte sie nicht einfach so aussehen und klingen wie das, was Myles eben machte. Zum Glück konnte ich aufhören, mich mit dieser Frage zu beschäftigen.

Eventuell werden autobiografische Texte wie Myles' vor allem deshalb gern gelesen, weil sie vom Anderswerden handeln, entweder kann man ihnen Vorschläge entnehmen, wie man selbst anders werden könnte, oder aber man guckt nur dabei zu, wie andere damit zu kämpfen hatten und es doch gelang. Die Existenz solcher Vorschläge kann die Wirkung einer Erlaubnis haben, es reicht, dass da jemand steht und »ich« sagt. Wenn es für dieses Ich so und so geht, warum dann nicht auch für mich? So las und hörte ich »Light Warrior«, »I have waited all my life for permission. I feel it growing in my breast. A war is storming and it is behind me« – usw., ein Text aus einem Krieg, den ich nicht genau kenne, aber wer hat schon nichts in seinem Leben, was, nicht in Unterschätzung des eigentlichen äußeren Krieges, als innerer Krieg beschrieben werden könnte? »[N]ach der Tatsache gefragt, daß sie Kriegsherr war, antwortet sie, daß sie früher darauf geantwortet hat, und wenn sie Kriegsherr war, so geschah es, um die Engländer zu schlagen.«[25]

Im Jahr 1940 überlegte sich Tante Hety, dass Kindergärtnerin ein guter Beruf für sie sein könnte. Nachdem sie eine Weile lang eine Frauenfachschule und das Kindergärtnerinnenseminar in Duisburg besucht hatte, fiel ihr jedoch auf, dass sie diese Arbeit »nicht befriedigte«, so steht es in einem knapp einseitigen Lebenslauf, den sie bei Gelegenheit abfasste. Stattdessen ging sie in die Oberschule zurück und legte das sogenannte Puddingabitur ab, das nach 1945 jedoch nicht ausreichte, um zu studieren. Innerhalb von eineinhalb Jahren holte sie also ein reguläres Abitur nach, in einem »Sonderlehrgang«, über den sie im Lebenslauf nichts weiter festhielt. Danach studierte sie Theologie und Germanistik. Behalten hat sie ein paar Hefte aus der Zeit. In ein altes Schulheft, das sie scheinbar nach der »Klasse 6h« nicht weiterverwendete, sind einige Durchschläge von geistlichen Schriften eingelegt, die sie ebenfalls aufbewahrte, außerdem Mitschriften aus dem Unterricht. Notiert sind auch einzelne Bibelstellen, aus 1 Kor 10 hielt sie fest: »Unsere Väter waren unter der Wolke, und doch hatte Gott an den meisten von ihnen kein Wohlgefallen.« In Klammern hinzugefügt: »Sakrament Gabe und Aufgabe«. Es mag sein, dass das Bibelstudium auch deshalb tröstlich sein kann, weil aus manchen überzeitlich einleuchtenden Sätzen so wenig folgt, und gerade das mag sie als Wahrheit auszeichnen.

Der persönlichste Beitrag aus dieser Zeit ist ein Essay mit dem Titel »Kunst ist Luxus! Ist das wahr?«. Über den Anlass dafür kann ich nur mutmaßen, es liegt nahe, an eine Hausarbeit im Sonderlehrgang zu denken. In diesem Text, der in Dialogform gehalten ist, sprechen zwei nicht näher benannte Personen aus dem Blauen heraus über die titelgebende Frage. Im Stil dessen, was wohl als gewählter Ausdruck gegolten haben muss, wägen sie »die Not unseres Volkes« gegen die Kunst als »Führerin zum Frieden« ab, die »viele Wunden heilen [kann,] die der Haß zwischen den Völkern geschlagen hat«.

Was an dem Text als Allererstes auffällt, ist, dass Tante Hety sich mit dem Abfassen sehr schwergetan hat. Der Text ist mit Bleistift geschrieben, ein Radiergummi war scheinbar nicht zur Hand, und so ist er voller Streichungen, Ergänzungen und Korrekturen, teilweise auch mit einem Buntstift vorgenommen. Was sollte sie auch sagen? Hatte sie zu diesem Zeitpunkt überhaupt jemals ausführlicher mit den Angehörigen eines anderen Volkes gesprochen? Eher nicht. Stattdessen aber die »großen Dichter« gelesen: »Die Ethik, die sie verkünden, könnte auch aus dem Chaos der Weltanschauungen und sie [fremde und bekannte Völker] im wahrsten Sinn zu einem menschenwürdigen Dasein führen. [...] Da ihnen die Gnade des stärkeren Fühlens und Erlebens geschenkt ist, wird ihr Werk von den Erregungen und vom Geist seiner Zeit beeinflußt. [...] Lassen wir uns von ihrer Hand zu diesen Werten zurückführen. Dann wird unsere Zukunft nicht auf den Sand von Scheintheorien, sondern auf den Felsen der Wahrheit gebaut sein.«

Warum noch mal gelten fromme Wünsche als naiv? Später, als Tante Hety schon ihr Berufsleben als Oberstudienrätin für Deutsch und Religion hinter sich hatte, belegte sie Vorlesungen im Rahmen des Studiums im Alter, und sie machte da weiter, wo sie nach Ende ihres Studiums 1956 aufgehört hatte. Also wieder Theologie. Am 27. Januar 1988 hörte sie einen Gastvortrag von Prof. Baumann, Freiburg. Zu »Dichtung, das Wagnis der Wahrheit« gibt es keine Mitschrift. Eventuell war der Vortrag schlecht (es scheint aber so, als habe Tante Hety ansonsten auch bei langweiligen Themen gewissenhaft mitgeschrieben), oder es gibt dazu einfach nicht so viel zu sagen.

Mario Perniola führt in seinem Buch *Vom katholischen Fühlen* gleich zu Beginn die Differenz von Orthodoxie und Orthopraxis ein. Er möchte dadurch infrage stellen, dass es »eine unauflösliche Beziehung zwischen Katholizismus und dem Einverständnis mit [seinen] Doktrinen« gibt, also Glauben an die Unfehlbarkeit des Papstes, die Sakramente (Taufe, Ehe) und alles, was die Kirche als Amtskirche auszeichnet. Für Perniola ist die Frage nach der Amtskirche und dem über sie definierten Katholizismus immer eine Frage, die allein auf die Dimension des Glaubens abzielt, nach den Möglichkeiten, die einem dafür gegeben werden. Die Gewaltgeschichte von Mission und Kolonisierung, Antisemitismus, Chauvinismus, Missbrauch aller Art und Misogynie, die ganz wesentlich vom Katholizismus in Form einer Amtskirche ausgeht, thematisiert er nicht. Natürlich heißt das nicht, dass er nichts davon weiß, aber er entscheidet sich, einen grundsätzlich positiven Zugang zu dem zu wählen, was er »Katholizität« nennt. Diese ist für ihn vor allem mit der Orthopraxis verbunden, einem bestimmten Glauben, dessen Zentrum für ihn das katholische Gefühl darstellt. Demjenigen, der sich wie er als ein katholisch Fühlender betrachtet, wird die ganze Welt zur Kirche:[26] »Das Gewicht liegt hier gerade nicht auf der Verpflichtung, an Gott zu glauben, und auch nicht auf den Geboten, sondern auf der Erfahrung des Übenden, der entlang seines Stückes Wegs, abgesteckt mit affektiven Erfahrungen, seinen eigenen Weg in der Welt oder die Lösung für seine besondere Fragestellung finden soll. Der Mittelpunkt des religiösen Fühlens liegt eingebettet in das Rätsel um den ›Willen Gottes‹: Dabei richtet sich die Aufmerksamkeit [...] auf die Geschichte, auf die Welt, darauf, wie die Dinge hier unten voranschreiten werden, ob ›tröstlich‹ und ›zu Gottes Ehren‹ oder trostlos, niedrig, schmachvoll.«[27]

Trennt man die Katholizität vom Katholizismus, ist das auch ein Versuch, schmachvolle, andere -ismen auszuräumen. Sie sind aber weiterhin da, in voller Trostlosigkeit. Die Katholizität steht dagegen für Perniola für die Art von Trost, die man bei sich selbst suchen muss (und finden kann). Es handelt sich für ihn um eine polymorph-perverse Emotionalität, die auf alles reagiert, was in der Welt zu finden ist. Dabei wird sie durch keine Institution und keinen göttlichen Sohn, kein Garnichts gesteuert, außer durch das eigene Fühlen. Perniola will aufklärerisch für Irrationalität werben, für eine Sensibilität, die »sich in einem einzigen Satz umgreifen [ließe]: ›Nichts vermag mich zu ernüchtern, denn die Welt hat mich verzaubert!‹«[28]

Myles beschreibt sich immer mal wieder als katholisch, aber aus der Welt des Katholizismus kommend, die Perniola nicht will und die Myles selbst noch viel weniger will, selbst wenn diese Welt gute Skills vermittelt: Beim ersten Besuch einer Oper von Robert Wilson, die mehrere Stunden dauerte, wähnte Myles sich im Vorteil gegenüber allen anderen im Publikum, da man als Katholik:in daran gewöhnt sei, lange Zeit stumm rezipierend dazusitzen.

Stattdessen dann also Katholizität. *Chelsea Girls* habe geschrieben werden müssen, so Myles, damit die Person, die all die vergänglichen, schmuddeligen, traumhaften Dinge erlebte, um die es in dem Buch geht, überhaupt eine eigene Wirklichkeit haben könne. Das Leben sei für sie immer schon total schockierend gewesen, wie ein mit den seltsamsten Pflanzen überwucherter Garten, nur dass die Pflanzen eben lauter andere Personen seien, in deren Leben man tief hineinfallen kann, und das mit dem Jeder-Mensch-ein-Abgrund denken sich jetzt bitte hier mal alle selbst.

Mir gefällt, wie Myles die Tiefenschärfe der Persönlichkeit anderer überschätzt, oder vielleicht sogar noch unterschätzt; es erlaubt uns, uns dazuzustellen, »to be female and strange and to want art so much and be drunk and high and even waking up from that«.[29] Ich bin die, die danebensteht und murmelt, aber die, die vielleicht eher in Duisburg-Obermeiderich steht und diejenige anmurmelt, die nicht mehr da ist, »[s]ucht Lieb, die für sie untergeht, / Sucht Lieb, die mit ihr aufersteht, / Sucht Lieb, die sie kann lieben«.

Der Einstieg in Myles' Texte gelingt häufig durch sehr kurze Sätze. Oft fehlen Satzzeichen dort, wo man sie erwarten würde. Man kann das manieriert oder einfach falsch finden, vielleicht handeln diese Texte als zeichenbefreite Zone aber auch davon, dass man sich selbst überlegen soll, wie genau die Teile eines Satzes miteinander zusammenhängen, vielleicht ist das alles eine Weigerung dagegen, einen Text in seiner Richtigkeit festzuzurren. In diesen Texten fehlt viel, das Publikum wird zur *working class* gemacht, die am besten zu jedem einzelnen Satz einen neuen Zettel anlegt, mit »Platz für eigene Notizen«. Dann wäre es auch möglich, sich aufzuschreiben, für welche Lesart man sich an den Stellen entscheidet, wo der Text einem eine Vielzahl von Variationen anbietet, Myles selbst, den Text oder die Welt zu sehen: »I am a significant person, maybe a saint, or larger than life.« Was denn jetzt: bedeutsame Person, Heilige, überlebensgroß? Und ist das nicht alles das Gleiche?

Mittlerweile lässt sich Myles mit »they« ansprechen, dem Personalpronomen derer, die sich nicht in einem Geschlecht festsetzen lassen wollen. Zu der Zeit, in der *Chelsea Girls* spielt, war Myles noch eine »dyke«, »a one syllable word in a less complexly gendered time and I really wanted to tell her truth even before she was *that*«.[30] Selbstbeschreibung geht in Ordnung, Fremdbeschreibung ist zu vermeiden, so auch die Beschreibung von allen Dingen, von denen man keine Ahnung hat. Wenn man selbst keine Fremdbeschreibung entgegenzunehmen wünscht, sollte man anderen Dingen auch keine angedeihen lassen, und das heißt dann auch: Adjektive raus, weniger von allem, mehr Action bitte. Den Rest erledigt das Publikum.*

Oft reiht Myles Sätze mit vielen »and«s aneinander, wo andere vielleicht Kommas setzen würden, und dann, und dann, und dann – Kinder und solche, die sich nicht mit den Feinheiten der Satzanschlüsse aufhalten, reden so: »they would call ›3‹ and

---

* »Myles: I edit quite a lot. Sometimes a poem comes out pretty whole or pretty good, but it's almost never that that's the poem. I don't really add a lot. I usually take away a lot. I change articles and tenses, get rid of adjectives. I tend to do less. Sometimes the poem starts later or ends earlier. Since part of the work itself is distraction, I try not to let it be too distracted. I try to make it be a clear drive. I'm really concerned about the duration of the reading, and for there to be room for distraction. I don't assume that someone is listening to every word that I say, or reading every word. That's why I don't believe in using a lot of adjectives, because I believe people will put their own in.« Zoe Tambling, »The Rumpus Interview with Eileen Myles«, 24. Februar 2017, {https://therumpus.net/2017/02/the-rumpus-interview-with-eileen-myles-3}, letzter Aufruf 18.02.2021.

myself and another kid would feint and lunge in the middle for some object on the ground and it had to be grabbed an brought back to a team without the player having been sullied, and it was true – I had not been touched by my opponent«.[31] So schreiben solche, die genau das demonstrieren wollen, wie sie Text auf Speed bringen, und den Teil durch eine Anspielung auf das *auf Speed sein* zu ergänzen wäre an dieser Stelle zu einfach. Wörtliche Rede passiert, sie wird nicht immer mit Anführungszeichen markiert und manchmal auch nicht an- oder abmoderiert, man hört auch schon so, wer spricht, »Eileen may I ask you. Have you ever been married. No I replied. You don't want to she continued shaking her head no for me. No I have no need of a man.«[32]

Als sie keine Schulaufsätze mehr korrigieren musste und keine Pflichtlektüren mehr zu unternehmen hatte, wendete sich Tante Hety Freizeitlektüren zu, über die sie in einem weiteren Heft Buch führte, etwa Marguerite Duras' *Der Liebhaber*: »In der schwülen Welt Siams erlebt junges franz. Mädchen die leidenschaftl. Liebe eines [eingefügt] ^reichen^ Chinesen; im Kontrast dazu die ambivalenten Beziehungen zur eigenen Mutter, einem älteren + jüngeren Bruder. Auch nach d. Rückkehr nach Paris prägen diese Erfahrungen das Leben der Ich-Erzählerin. starke Atmosphäre durch Sprache / Rothenfelde Ap. 1996«

Tante Hety hatte eine Sprache für die christliche Liebe, in ihren Studienbüchern ist nachzulesen, wie sie die Unterscheidung von *caritas* und *eros* erlernte, und selbst das bekam man zu dieser Zeit selbstverständlich hin, ohne von Sexualität zu sprechen. Es war überhaupt nicht notwendig, eine Sprache für Sex zu entwickeln, da dieser maximal implizit als die notwendige Bedingung zur Entstehung von mit unendlich viel Geduld und Zuneigung behandelten Kindern vorkam. Als ich keines der niedlichen

Kinder mehr war und die ersten meiner zahlreichen Cousinen und Cousins selbst welche bekamen, richtete sich der Fokus auf diese neuen niedlichen Kinder. Wie diese ein Butterbrot gegessen hatten, wurde ausführlich berichtet, in der Annahme, jede müsse so anteilnehmend am Leben Dreijähriger sein wie Tante Hety selbst. Wenn Sexualität lange genug sublimiert wird, muss man sie nicht einmal mehr schamhaft ignorieren. Das, wofür es keinen Raum und keine Sprache gibt, muss jedoch in seiner totalen Ausschließung nicht einmal ignoriert werden, so gründlich ist es weggebetet worden. Und wie fragt man jemanden nach der Sehnsucht und dem Verlangen, auf die Art anders zu werden, die Sex bereitstellt, die Reproduktion bereitstellt, die das Leben in einer eigenen Familie bereitstellt, wenn es keine gemeinsame Sprache dafür gibt? Ich habe es jedenfalls nicht versucht.

Wieso dann gegen das Vergessen eines Buches anarbeiten, in dem genau das Gegenteil versucht wird, nämlich die ethnografische Schilderung einer Teenagersexualität, die Anamnese ganz unterschiedlicher patriarchaler Zwangssysteme auf den beiden Seiten der kulturellen Grenze zwischen einer Französin und einem Chinesen? Mit wem plante Tante Hety über ihre Lektüre von *Der Liebhaber* zu sprechen? Im gleichen Jahr las sie unter anderem *Väter, wie die Bibel sie sieht* von Annemarie Ohler oder *Babylon* von Günter de Bruyn, aber auch *Pater Fridolin und seine Rasselbande* von Helga Mondschein war dabei. Unter allen Büchern sind immer auch solche genannt, die sie für und mit Kindern las. Das Lesen sollte nicht umsonst sein. Ob sich die Lektüre auch mit weiteren Kindern lohnen würde, konnte in diesen Aufzeichnungen überprüft werden.

Das Auffallende an *Der Liebhaber* ist vor allem, dass das Mädchen im Mittelpunkt des Textes seinen Liebhaber nicht unbedingt liebt. Die Eintragung von Tante Hety in ihr Lesetagebuch ist so kurz, dass daraus weder zu ersehen ist, ob sie diesen Punkt übersehen hat, noch ob das Buch sie vielleicht gar nicht besonders interessiert hat. Es ist nur das einzige mir verfügbare Anzeichen für einen Moment, in dem sie sich dem Thema Sex unter dem Stichwort »leidenschaftliche Liebe« freiwillig gewidmet hat. Und es dann wieder fallen ließ. *Have you ever been married. No I replied. You don't want to she continued shaking her head no for me.*

Myles fügt an dieser Stelle hinzu, keinen Mann zu brauchen. Tante Hety brauchte auch keinen Mann, zumindest nicht, um ihr Leben auf eine Weise zu führen, das es anfüllte mit zahllosen Beziehungen zu anderen Menschen. Diese Beziehungen waren wohl in den seltensten Fällen überhaupt von besonders persönlichen Mitteilungen, geschweige denn intimer Selbstoffenbarung geprägt und die engsten physischen Beziehungen, die sie unterhielt und von denen ich weiß, bestanden zu denjenigen, die sie pflegten, wuschen, operierten, hielten, schoben, als sie es selbst nicht mehr konnte. (Es kommt irgendwann ein Tag, an dem man es nicht mehr allein schafft, die orthopädischen Strümpfe zur Vermeidung von Thrombosen selbst anzulegen, sie sind nämlich sehr eng und müssen beim Anziehen so geweitet werden, dass sie an den richtigen Stellen der Waden anliegen.)

Je weniger sie konnte, desto unleidiger wurde sie, und es war in der Familie nicht unüblich, sich über ihre nun zum Teil wehleidige, mäkelige und grundunzufriedene Art zu beschweren. Es war bekannt, dass sie Erinnerungen an Nächte im Luftschutzkeller hatte und dass diese vermutlich traumatisch waren. Was »bekanntlich« so oder so ist, erhält nicht das Privileg der Auseinandersetzung.

Es wäre gelogen, wenn ich sagen würde, ich sei geduldig gewesen oder über die Anstrengung hinweggegangen, die es bedeutet, mit jemandem umzugehen, dessen zentrale Erlebnisse im schmerzhaften Umgang mit dem eigenen Körper bestehen, mit jemandem, der vornehmlich lamentiert und gedanklich in einem winzigen Kreis marschiert. Das Gegenteil war der Fall. Ich sah die Entwicklung dieser Greisinnenzeit aus der Ferne. Fürsorge leistete vor allem mein Vater. Das enthob mich selbst der Sorge und machte den Weg frei für klammheimliche Freude darüber, dass Tante Hety nun endlich andere hin und her schickte, statt selbst für alle anderen alles zu tun. Ich hatte den Eindruck, dass sie sich endlich individuieren konnte, in Unleidigkeit, aber immerhin. In Ermangelung einer eigenen Familie hatte sie ihr ganzes Leben lang der gesamten Familie gehört, nun gehörte sie sich selbst: in der Art von Hinfälligkeit, für die Sorge zu tragen ihr als christliche Pflicht erschienen wäre.

Perniolas Formulierung, man sei im katholischen Glauben nicht ernüchterbar aufgrund großer Verzauberung durch die Welt, klingt sehr bezaubernd. Es hängt allerdings sehr stark von der Art des Zaubers ab, der man ausgesetzt ist. Tante Hety kämpfte im Altersheim vor allem gegen das mysteriöse Verschwinden von Dingen, insbesondere der Batterien ihres Hörgeräts, ohne das sie fast nichts mehr verstehen konnte. Kein Organisationssystem half, sie verkramte stundenlang ihre Sachen. Dabei erzählte sie, was sie in der Zeitung gelesen hatte (als sie diese noch mit einer Lupe lesen konnte) oder was im Fernsehen kam. Sie missbilligte, dass es immer um die Kosten von allem ging.

Das Thema beschäftigte sie seit 1946. »Doch hat denn nur Materielles einen Wert und ein Daseinsrecht? Leider sind wir schon alle zu viel vom Materialismus angesteckt, um noch einen klaren Blick für endgültige Werte zu haben. [...] Wir sind alle vom Materialismus angesteckt und wollen den Wert jeder Sachen nach Maßeinheiten bestimmen. Da sich das Geistige diesen Maßen wohl unterwirft, wird es als überflüssig abgetan. Der Mensch weiß gar nicht mehr, dass er einen Teil seiner selbst aufgibt.« So spricht die eine Figur zur anderen in »Kunst ist Luxus! Ist das wahr?« Ich kannte diesen Essay nicht, als ich den Variationen davon mit den Augen auf sich nur zäh und langsam bewegenden Zeigern der Uhr an der Wand im Altenheimzimmer zuhörte.

Die ersten Seiten aus dem Studienbuch von Tante Hety zeigen an, dass sie im Wintersemester 1948/1949 an der Universität Münster 28 Semesterwochenstunden besucht hat. Da die Hörsäle zerstört waren, fanden Vorlesungen in einer leeren Reithalle an der Steinfurter Straße statt, man fror viel. Dieses erste Studiensemester und auch die darauf folgenden waren nicht günstig, dem Studienbuch ist zu entnehmen, dass pro Veranstaltungsstunde Kosten von 2,50 Mark anfielen, die einstündige Veranstaltung »Erklärung des Epheserbriefs« kostete also 2,50 Mark, »Griechisch I« 4 Mark usw. Mit allen anderen Verwaltungskosten waren insgesamt 198 Mark fällig. Wie viel Geld ihre Schwestern um diese Zeit benötigten, ist unklar, die Eltern zahlten jedenfalls.

Myles' notorisch gewordenes »An American Poem« sagt es gleich im ersten Vers, »I was born in Boston«, und immer, wenn ich »Boston« höre, denke ich an den leitenden Redakteur, der von seinem Studium in den USA sprach, das, wie ich auf meine Nachfrage erfuhr, »bei Boston« stattgefunden hatte. Er lächelte genießerisch, während er das sagte. Ich schaltete sehr langsam und schloss erst später, dass das wohl der Code für die Harvard University sein müsse. Man kann es auch einfacher sagen, Eileen Myles kommt aus Arlington, gleich neben Harvard, bei Boston, lieber leitender Redakteur, sieh mal an, »We sort of felt like Harvard was ours, so many members of my family worked there. Aunt Anne cleaned rooms. Toilets, she insisted. My cousin Brian worked in the cafeteria. So did my brother, briefly.«[33] Es gibt also die, die Harvard besucht haben, und dann gibt es die, die von dort wegkommen, und es sollte nicht vergessen werden, das Einfachste zu sagen, nämlich dass das alles Geschichten über Geld sind.

Myles zu lesen erfüllt mich mit einer rückwärtsgewandten Scham darüber, immer Angst um und vor Geld gehabt zu haben, nämlich dem, das nicht da sein könnte. Alles, was ich erzählen kann, handelt davon, dass es für all das hier ja doch gereicht hat, für all das, was an Studium und Zeit für Lektüre in diesem Text steht und steckt, quasi ein Überfluss an Ressourcen an Erinnerungen, eigenen und solchen, die der Familie gehören, solche, die zu Tante Hety gehören. Meine Mittelstandsangst leuchtet grell weiß wie nagelneue Markenturnschuhe bei ihrem ersten Ausgang auf dem Bürgersteig. Myles zu lesen hat etwas davon, die Schuhe durch die nächste Pfütze zu schlören, in der Hoffnung, dass sie dann die nötige Streetcredibility erhalten. Schau, so schwierig könnte es auch alles sein, und noch immer könnte man ein Buch darüber schreiben. Ja? »If you ask me why I write it probably has to do with this deep comfort/discomfort of being in the world and this option of devotion.« Sich diese Art von Trost abzuholen, ist nicht frei von Schäbigkeit. Aber dennoch. »If I want to sit here and copy all day that might be the best option available to me, it's not an antidepressant and it's not exhilarating and it's not aerobic but it is a form of chanting and I do do it for religious reasons.«[34]

Über die Webseite von Eileen Myles kann man natürlich zu all den Onlineshops gelangen, die Myles' Bücher verkaufen, auf der Unterseite über »art journalism« kommt man aber auch zum Shop OR Books, die einen Eileen-Myles-Stoffbeutel verkaufen. Dessen Aufschrift lautet »The bag I wanted was beyond reason – something to hold my poems, twice as big as the universe and it must be androgynous«, ein Zitat aus *Inferno.* Als ich 2017 beim Edinburgh International Book Festival in einer Schlange mit anderen Myles-Fans um Autogramme anstand, erkundigte ich mich lieber danach, ob Myles bald nach Deutschland kommen würde, ob die Bücher auch übersetzt werden würden. »Warum nicht«, sagte Myles. »Deutschland ist ein riesiger Markt.« Es ist sehr angenehm, wenn die Businessseite des Dichtens so unverhohlen im Vordergrund steht, ein Suchbefehl nach »Geld« in *Chelsea Girls* bringt rund sechzig Funde, die meisten davon kombinieren Geld mit »Ich hatte kein / Ich hatte / Ich brauchte«, ein ewiges Fort-Da-Spiel.

Wenn man die ganze Zeit kein Geld hat, muss man sich ständig offenbaren gegenüber denjenigen, die welches haben und einem etwas abgeben könnten oder die irgendeinen Job im Angebot haben. Angenommen hat Myles dann allerdings den, einem sterbenden Dichter (siehe oben) French Toast zu machen, und nicht den, mit einem Anrufer namens Jack Ross unter Anwendung von heftigem Make-up Sexfilme zu drehen. *Chelsea Girls* ist von heute aus gelesen auch eine Geschichte über den Anfang vom Ende dieses Zustandes, den Armut zu nennen schwerfällt, weil die Einübung darin so wirksam ist, das alles als eine Erzählung aus der Bohème zu lesen und noch dazu eine, die eine Heldin der Arbeiterklasse zeigt und kein durch Anstrengung runtergekommenes Bürgerkind. *Chelsea Girls* ist das Ende vom Anfang dieses Zustandes, weil das Buch ja davon berichtet, wie etwas zustande kommt, was Karriere zu nennen ebenso angebracht wie schräg klingt.

Diese Karriere ist eine, in der Misserfolg, Scheitern und Verfehlung kapitalisiert werden, und zwar in Texten, in die das Publikum den eigenen Misserfolg, das eigene Scheitern und die eigenen Verfehlungen vergleichend einbauen kann, oh, doch gar nicht so schlimm. Das alles hat für Myles zu Erfolg geführt, gemessen daran, was man überhaupt als Autorin oder Autor erreichen kann. 1991 startete Myles eine Kampagne als ›offen weibliche‹ Kandidatin in das Rennen um die Präsidentschaft der Vereinigten Staaten von Amerika.* Aber das ist eine andere Geschichte. Alles, was Myles getan und geschrieben hat, ist von einer bestimmten Orthopraxis getragen, in der der Glaube an das eigene Tun tatsächlich der Weihe dient – zu einer Priesterschaft mit eigener Gemeinde von Gläubigen, Treffpunkt Pfarrheim ist da, wo immer man gerade steht.

Dieser unbedingte und kultische Glaube an das Wort, die tiefgreifende Überzeugung, dass nur eines davon zur Gesundung der Seele und zur Transformation in jemand ganz anderen führen kann, verdiente seine eigene Anthropologie** und Ethnolo-

---

* »*From a mailing sent out by Eileen Myles in October 1992 as part of a presidential campaign in which she ran as an ›openly female‹ write-in candidate.* [...] When you step in the booth on Election Day, do a write-in vote. You'll be alone in that booth and it's so dirty, like a peephole or a dressing room or a confessional. But you're really not so free – until, pen in hand, you pull the lever, you push the button, and then on the upper-left face of the voting booth you spread the metal wings above the title ›President‹ and an empty white space appears, empty as poetry, and this is your freedom of speech. Sincerely, Eileen Myles«, April 2016, {https://harpers.org/archive/2016/04/body-politic-3}, letzter Aufruf am 30.03.2021.

** »Die zunehmende Anthropologisierung des Gebets hat zwei innerlich zusammenhängende Auswirkungen: Man muß es (1) de facto nicht-theonom ›begründen‹ und verliert dabei (2) die biblische Basis für die mit jedem christlichen Gebet verbundene Erhörungs-Gewißheit. Am Ende dieser Entwicklung bleibt dann nichts anderes übrig als das Gebet als Selbst-Gespräch. Im Gegensatz zur gesamten biblischen, kirchengeschichtlichen und speziell reformatorischen Theologie (Luther; Calvin; v. a. Heidelberger Katechismus, Frage 116) muß der Mensch sich selber sagen, warum er beten soll [...].« Ratschow u. a., »Gebet«, S. 86.

gie. Um die Sache abzukürzen: Das sind schöne Wissensformen mit sehr problematischen Backstorys, aber vor allem auch Distanzierungsweisen, um mit Beschreibungen auf andere zu zeigen, anstatt mit ihnen zu sprechen.

Jeanne Favret-Saada fängt in *Die Wörter, der Zauber, der Tod* damit an zu beschreiben, dass sie bei ihrer Auseinandersetzung mit dem Hexenglauben im westfranzösischen Hainland in den 1970er-Jahren lernen musste, danach zu fragen, welches Problem die Bauern mit ihrem Hexenglauben in Form bringen. Sie kritisiert eine Beschreibung, in der Hexenglauben als eine Form von durchschaubarem Aberglauben beschrieben wird. Dagegen hält sie, dass das selbst wiederum eine durchschaubare Form davon ist, Distanz einnehmen zu wollen zu einer Praxis, die man für sich als aufgeklärte Europäerin als unpassend empfindet. In ein abgebrühtes Rinderherz Nadeln hineinzustecken (das ist eines der ersten Beispiele von ihr für eine der Techniken des Hexenglaubens im Hainland), um einen Kummer oder Schmerz abzuwenden, kommt nicht infrage.

Diejenigen Fälle von Hexenglauben, die Favret-Saada beschreibt, handeln meistens davon, dass Leute Krankheitsphänomene aufweisen, die psychiatrische Behandlung erforderlich erscheinen lassen. Psychiatrie hilft aber oftmals nicht, da der Glauben daran fehlt. Hexenglauben wiederum hilft der angereisten Ethnologin auch nicht, solange sie ihn sich vor allem rational vom Leibe halten will: »*[W]en's nicht gepackt hat, der kann nicht drüber reden*«[35]. Letztlich identifiziert sich Favret-Saada weder mit den Bauern noch mit den »anderen« Ethnologen, mit deren Kritik sie ihre Studie beginnt. Ihre Position bleibt partikular.

Jeanne Favret-Saada schreibt: »Braucht ein ›Gelehrter‹ oder ein ›Moderner‹ zu seinem Trost den Mythos eines leichtgläubigen und rückständigen Bauern?«[36] Die darin implizierte Kritik trifft die Überheblichkeit derer, die sich als Gelehrte und/oder Moderne verstehen wollen und dazu solche brauchen, von denen sie sich mittels Rationalität distanzieren können, weil nur so die Fiktion aufrechtzuerhalten ist, dass sie selbst zur Gruppe der Aufgeklärten gehören (Favret-Saada schreibt: »intellektuelle Kohärenz erhalten«). Das ist die Rolle der Ethnologin, die sie sich selbst gibt: aufweisen, dass das nicht der Fall ist, dass auch Moderne und Gelehrte und die, die beides zugleich sind, als hexengläubige Bauern leben.

Zwei Arten von Glauben also: Hexenglaube und Katholizismus. Sie erscheinen mir beide gleich plausibel. Das Eintreten der Verbesserung eines misslichen Zustandes in einer Zeit, die man als Mensch auf Erden noch erlebt, unterscheidet allerdings den Hexenglauben und den Christenglauben. Nadeln werden ja in das Rinderherz gesteckt, um kurzfristig eine Verbesserung für eine bestimmte Lage zu erreichen, wohingegen die Hoffnung im Christentum vor allem auf das Jenseits ausgerichtet ist. In einer kaum zu überbietenden Ungenauigkeit und Großflächigkeit kann man jedenfalls festhalten, dass das verbindende Element in beiden Fällen die Praxis ist, die aus der Hoffnung, aus dem Glauben erwächst. Und dass der Ursprung dieser Praxis die grundsätzliche Trostbedürftigkeit ist. Nahegebracht worden ist mir aber nur die Orthopraxis des einen Glaubens, und dennoch ist er mir auf eine Art so fremd, dass ich ihn auch hier mit der gleichen Form von Distanznahme und Nähebedürfnis angehe wie Favret-Saada ihre Ethnografie. Tante Hety wird so zum Gegenstand meiner Autoethnografie: Woher kommt das, das hilfesuchende, repetitive Murmeln?

Hexenglaube und Katholizismus: In beide wird Trost eingetragen, man spricht die Beschwörungsformeln, man hat einen Kummer, der Glaube erleichtert ihn. Warum? Weil der Glaube eine Hoffnung ist – auf etwas, das einen selbst übersteigt und überdauert und auf das man vor allem deshalb hoffen kann und soll, weil es eben jetzt nicht da ist. Das Argument läuft in etwa so: Weil du jetzt krank bist, kannst du Hoffnung auf die Gesundheit haben. Hoffnung kann man überhaupt nur dann haben, wenn es irgendeine Art von Mangel gibt, denn auf etwas, was schon eingetreten ist, kann und braucht man nicht hoffen.

Natürlich gibt es dazu einen Text, und er wurde vorgetragen, als Tante Hety gestorben war und eine Messe gelesen wurde, ganz für sie allein: »Denn wir sind gerettet auf Hoffnung hin. Die Hoffnung aber, die man sieht, ist nicht Hoffnung; denn wie kann man auf das hoffen, was man sieht? Wenn wir aber auf das hoffen, was wir nicht sehen, so warten wir darauf in Geduld. Desgleichen hilft auch der Geist unsrer Schwachheit auf. Denn wir wissen nicht, was wir beten sollen, wie sich's gebührt, sondern der Geist selbst tritt für uns ein mit unaussprechlichem Seufzen.« (Röm 8, 24–26). Zum Ende hin läuft es wiederum ins Unverständliche aus, zumindest für alle, die Schwierigkeiten mit der Vorstellung des Geistes haben, insbesondere eines Geistes, der irgendwie für irgendwen eintreten könnte. Wenn ich es mir aussuchen könnte, würde ich ihn aber trotzdem gern darum bitten, es zu tun, murmel murmel, »O Stern und Blume, Geist und Kleid, / Lieb, Leid und Zeit und Ewigkeit!«.

Dieser Tage habe ich mit Freunden auf dem Friedhof Grunewald-Forst das Grab der Sängerin Christa Päffgen, genannt Nico, gesucht, und beinahe hätten wir die Stelle nicht gefunden. Wir hatten weder Blumen noch Kerzen dabei. Mir kam es seltsam vor, nun gar nichts zu sagen, das sorgfältig erlernte »und ist das Feld einst abgemäht / die Armut durch die Stoppeln geht« lag mir auf den Lippen, aber niemand mag Leute, die wann immer möglich in Gedichte ausbrechen, und ich möchte meine Freundinnen und Freunde gern behalten. Die Unklarheit darüber, wie man sich an einem Grab verhalten soll, war von Leuten, die das Grab vor uns besucht hatten, so angegangen worden, dass sie Gaben abgelegt hatten: Auf dem Grabstein lag eine Parfumprobe von Trussardi, in den Ästen der Gewächse drumherum hingen mehrere Sonnenbrillen und auch Glöckchen. Jemand hatte Ketten mit Plastikperlen dagelassen, es sah alles etwas vermüllt aus. Christian hatte was zum Kiffen dabei und fing auch gleich damit an. Ein winziger Rentner goss nebenan die Blumen und wies darauf hin, dass es sich um eine berühmte Sängerin handele, die da im Grab vor uns liege. Dem hatten wir nichts hinzuzufügen und standen dementsprechend stumm im Halbkreis um Nicos Endstation. Was ich gelernt hatte, mir selbst zu sagen, behielt ich für mich.

In *Chelsea Girls* steht, dass Ted Myles, dem das Buch gewidmet ist, dem Kind Myles den Johanna-von-Orléans-Comic schenkte, in dem es die erste Frau kennenlernte, die zur Identifikation taugte. Diese Figur war eine Gabe. Diese paternalistische Vermittlung erfährt im Geschehen des Textes eine fortgesetzte, sich fortdauernd steigernde subjektive Aneignung. Die Gabe ist zum Zeitpunkt ihres Erhalts noch in ein verwirrendes Leben und dumpfe Vorahnungen einer nicht minder verwirrenden Zukunft eingewickelt, dennoch ist in ihr schon damals ein Ausweg erkennbar. »Gefragt, woher sie weiß, daß das, was ihr erscheint, Mann oder Frau ist, antwortet sie, daß sie es wohl weiß und sie an ihren Stimmen erkennt, und daß sie es ihr offenbart haben; sie weiß überhaupt nichts außer durch Offenbarung und Weisung Gottes.«[37] In ihrem Prozess versuchte man Johanna von Orléans sowohl zur Hexe als auch zur Ketzerin zu machen, am Ende wurde sie unter Qualen verbrannt und es blieb nichts von ihr außer einem sich immer wieder verwandelnden und erneuernden Text, und der reichte für die Heiligsprechung im Jahr 1920. Zu diesem Zeitpunkt gehörte Johannas Geschichte schon allen und war unendlich oft funktionalisiert worden – so wie es auch hier passiert. Nach Heiligkeit kann man nicht streben, sie bedeutet die absolute Verfügbarkeit für Zwecke, die man im entscheidenden Moment nicht mehr beeinflussen kann (zum Beispiel, weil man tot ist). Heiligkeit kommt für einen selbst also in der Regel zu spät. Nachfolge der Heiligkeit anderer hingegen ist Weltlichkeit. Den Namen Eileen könne man, so beginnt das Kapitel »Light Warrior« aus *Chelsea Girls*, durch das Gälische und Lateinische auf die Bedeutung »Lichtkriegerin« zurückführen.

Und seit rund fünf Minuten weiß ich, dass das gar nichts Besonderes ist. Hedwig, so lese ich nach, wird vom Althochdeutschen »Haduwig« abgeleitet, in seltenen Fällen ist das auch ein Männername. Der oder die Hedwig setzt sich aus den Wörtern für Ringen und Kampf zusammen. »They« ist auch nur eine andere Schreibweise von Hety. Und wenn mir jemand die Silbe »Jo« schenkt, dann sattele ich mein Pferd und reite in die Schlacht. Ich stelle mir vor, dass es ein eher kleines und aus Altersgründen etwas langsames Pferd sein könnte. Aber auf diesem meinem Pferd reitend und sehr aufrecht eine Fahne hochhaltend werde ich vor mich hinmurmeln, einen Text, den ich mir währenddessen selbst ausdenke.

Zwei Kugeln im Hörnchen

Im Sommer 2019 ist Adorno schon wieder berühmt geworden. Dieses Mal lag es an einem Vortrag über die *Aspekte des neuen Rechtsradikalismus*. Dass man eine Aufnahme des Vortrags aus dem Jahr 1967 schon lang vorher auf YouTube oder Ubuweb anhören konnte, tat nichts zur Sache. Adorno wurde gebraucht, es wurde nach ihm gerufen, der Text war noch da. So auch die Rechtsradikalen. »Man hört ja sehr oft, gerade also mit Rücksicht auf solche Kategorien wie ›Die ewig Unbelehrbaren‹ und wie solche Trostphrasen sonst lauten mögen, die Behauptung, es gebe so einen Bodensatz von Unbelehrbaren oder von Narren, einen sogenannten *lunatic fringe*, wie man in Amerika es nennt, in jeder Demokratie. Und es steckt dann darin so ein gewisses quietistisch bürgerlich Tröstendes, wenn man sich das so vorsagt.«[1] Man soll es sich also nicht so vorsagen. Man hört besser Adorno zu. Er und seine Frau mussten als Juden aus Deutschland in die USA emigrieren. Als Wiedergutmachung ist im Angebot, ihm 52 Jahre nach seinem Vortrag noch einmal recht zu geben, nachdem es schon 1967 zu spät dafür gewesen war: Das Wohlgefallen über Adornos stabile und auflagenstarke deutsche Wertarbeit tröstete den Verlag und das Publikum der Jahre 2019 ff. etwas über die Gründe dieser Stabilität (die Nazis sind da, weil sie nie weg waren) hinweg.

Solcher Trost ist für zehn Euro im Taschenbuch zu haben, was für ein so schmales Buch nicht günstig ist, aber erstens enthält es gut abgehangenen und damit bewährten Text, und zweitens war Adorno ja schon vorher immer mal wieder berühmt geworden, sein Name hat einen ausreichend guten Klang. Je nachdem, wo man sich gerade aufhält, gilt er entweder als unübertroffener Wahrheitssager und akademisch akzeptable Version der Antifa[2] oder als vermuffelter Ideologe oder loriotesker Großbürgerphilosoph mit Marxismus-Hobby: vielleicht noch als historische Quelle interessant, aber auch das nur im Einzelfall.

Mich interessiert ein Einzelfall bei Adorno, der sich für die Diskussion seines Beitrags zur Erforschung des Rechtsradikalismus erst einmal nicht aufdrängt. Die Frage lautet: Wie ist Adornos Verhältnis zu Eiscreme? Wenn man sich das auf der Zunge zergehen lässt, kommt man vielleicht doch weiter. Man muss nur ins *Adorno-Handbuch* gucken, der Artikel über seine Rezeption in den USA endet so: »Der populäre Schriftsteller Larry McMurty, Autor vieler Wildwestromane, hatte einst eine Aufsatzsammlung gezielt ironisch *Walter Benjamin at the Dairy Queen* (1999) betitelt. Benjamin hat jedoch aus bekannten Gründen solche tristen Eisdielen neben der amerikanischen Autobahn niemals sehen können, wie Adorno es zweifellos tat. Man darf vermuten: Dass er Amerika mit eigenen Augen gesehen hat, ist seiner Rezeption in den USA nicht zugutegekommen.«* Adorno hat sich demzufolge unter anderem beim Anblick von Eisdielen mit Tristesse aufgeladen. Aber vielleicht sind das bloß traurige Topoi einer Adorno-Rezeption, die niemals genug Gründe dafür finden kann, warum die Kiefer seiner Negativität immer weiter malmten.**

Verloren geht darin der Trost, den sich Adorno selbst zu spenden wusste, verloren geht die Anerkennung der Trostlosigkeit, in der sein Publikum Trost findet. Welche Rolle spielt *comfort food* in der Kritischen Theorie, und wenn wir schon dabei sind, welche Rolle spielt Kritische Theorie als *comfort food*: für besorgte Bürgerinnen und Bürger im Eiscafé Europa; für den Verfasser der Theorie. Mit Eis meine ich Speiseeis, Eiscreme, die in einer zu einem Hörnchen gerollten Waffel serviert wird. Adorno selbst sagte »Kegel« dazu, dabei hätte er während seines Studiums in Wien bei Alban Berg auch das musikalisch interessantere Wort »Starnitzel«*** lernen können: Eis und Musik, da ist

---

*Richard Klein u. a. (Hg.), *Adorno-Handbuch. Leben – Werk – Wirkung*, Stuttgart [2]2019, S. 600. Tatsächlich fand Adorno die amerikanischen Landschaften nicht wegen ihrer Eisdielen trostlos, sondern weil er meinte, sie sähen aus, als sei ihnen »niemand übers Haar gefahren«. TWA, *Minima Moralia*, GS 4, S. 54. Ich zitiere hier und im Weiteren aus der folgenden Ausgabe der *Gesammelten Schriften* Adornos: Rolf Tiedemannn (Hg.), *Theodor W. Adorno: Gesammelte Schriften*, Digitale Bibliothek 97, Berlin 2003. Die darin enthaltenen Werk- und Seitenangaben entsprechen wiederum ders. (Hg.), *Theodor W. Adorno: Gesammelte Schriften*, 20 Bände, herausgegeben von Rolf Tiedemann unter Mitwirkung von Gretel Adorno, Susan Buck-Morss und Klaus Schultz, Frankfurt/M. 1986. Zitate sind dementsprechend nach dem folgenden Muster ausgewiesen: Namenskürzel (TWA), Werktitel, Nummer in den *Gesammelten Schriften* 1986 (bspw. GS 4), Seite der 1986er-Fassung.

**Hier bleibt die Rezeption aber nicht stehen. Nur ein Jahr nach der erneuten Entdeckung Adornos als Theoretiker des Rechtsradikalismus ist er von Pola Groß erstmals als »Philosoph des Glücks« vorgestellt worden, eines Glücks, das jedoch nie nur für den Einzelnen gedacht und verwirklicht werden soll, sondern als ein sozialer Zustand erreichbar gemacht werden muss. Siehe Pola Groß, *Adornos Lächeln. Das »Glück am Ästhetischen« in seinen literatur- und kulturtheoretischen Essays*, Berlin 2020.

***»starnitzel, n., deminut. zu dem vorigen, statt des gewöhnlicheren scharnützel th. 8, 2212: bair. stárnizl, stánizl Schm. 2, 783 und steirisch 1) wie das vorige. Schm. 2, 783; Unger – Khull 570a; willstu aus diesem papier ein starnizl machen? Abr. a S. Clara bei Schöpf 592. 2) kelchbecher in dütenform. In: *Deutsches Wörterbuch von Jacob und Wilhelm Grimm*, 16 Bde. in 32 Teilbänden. Leipzig 1854–1961. Quellenverzeichnis Leipzig 1971. Online-Version vom 08.10.2019, {http://www.woerterbuchnetz.de/DWB?lemma=starnitzel}, letzter Aufruf 24.02.2021.

doch was, etymologisch belegt ist »Starnitzel« seit dem 17. Jahrhundert. Belegt ist auch, dass Eis eine amtliche Angelegenheit ist, in Deutschland seit 1933, als die erste Speiseeisverordnung erscheint.[3] Sonst könnte ja jeder kommen. 1935 verkauft die Firma Langnese erstmals Eis am Stiel.* Das Hörnchen konnte sich jedoch gegen diese Konkurrenz behaupten.

Bei den Hessischen Hochschulwochen für staatswissenschaftliche Fortbildung vom 29. Juni bis zum 9. Juli 1958 in Bad Wildungen hält Adorno einen Vortrag. »Das Gesamtthema dieser Hochschulwoche: ›Die freie Welt – Amerika und Deutschland im

---

* Die Feststellung, dass es sich dabei vor allem um eine industriell gefertigte Hilfe zum Lutschen und Lecken handelt, ist astreines Kalauermaterial. Kalauer sind normalisierte schlechte Wortwitze, und sie sind eines der Medien, über die sich ab 1978 die BRD und Israel annähern. Mit Beginn der *Eis am Stiel*-Reihe findet ein Teil der bundesrepublikanischen Sexualerziehung in Tel Aviv statt. Die Softsex-Filmreihe endete erst 2001 endgültig mit Teil 9, »The Party Goes On«. Aber die Faszination hört nicht auf. Im Herbst 2005 veröffentlicht das Gesellschaftsmagazin *DUMMY* ein Heft zum Thema »Juden«. Tobias Schönpflug befragt darin den israelischen Schauspieler Zachi Noy: »Im Januar 1978 sind Sie zum ersten Mal nach Deutschland gekommen. – Ja, ich war damals bei der Berlinale, zur Premiere von *Eis am Stiel*. Ich bin damals über Frankfurt nach Berlin gekommen. Als ich die Züge am Bahnhof sah und die Fabriken und Lastwagen, da hat mich das natürlich an die Schoah erinnert. Das kann man nicht vermeiden. Aber ich habe eine Mauer in mir errichtet, die genau zwischen mir und meiner Arbeit trennen kann. Es gibt eine neue Generation in Deutschland, und ich wollte eigentlich nicht mehr über die Vergangenheit nachdenken. Aber man macht es automatisch.« Schönpflug lässt es sich nicht nehmen, die deutsche Rezeption von *Eis am Stiel* als eigentlichen Dauerbrenner dieser Geschichte in Stellung zu bringen: »23 Jahre nach dem israelischen Traum ist das Eis geschmolzen und der Stil verloren gegangen.« (*DUMMY Magazin* 8 (2005), S. 32–36).

Spiel der Kräfte‹ ließ diese Absicht [Untersuchung der Wechselwirkung zwischen beiden Staaten] zunächst nur bedingt erkennen«, so ein gewisser Dr. Kriebel im Vorwort, »ebenso wie die dahinterstehende und die ganze Veranstaltung tragende Überzeugung, dass man es einmal unternehmen müsse, sich auf die Ursachen und die Lebensbedingungen der ›Freien Welt‹ zu besinnen.«[4] Adornos Vortrag trägt den Titel »Kultur und Culture« und handelt dann unter anderem auch davon, dass »Kultur« und »Culture« nicht nur nicht das gleiche Wort sind, sie haben auch nicht die gleiche Bedeutung. Er spricht als Rückkehrer aus dem Exil der Vereinigten Staaten von Amerika, für deren entprovinzialisierende Wirkung er Dank empfindet.[5] Den Vortrag hält er ungeschützt und frei, seine Worte werden aufgezeichnet und abgetippt, so kommt es zu einem Text, der doch bis dahin nur als sein Manuskript vorhanden war. Dass man nun nachlesen kann, was er da erzählt hat, verlangt ihm bei Drucklegung Distanzierung ab. Adorno verpasst dem Text eine Einleitung, in der sich der unterschreibende »T. W. A.« vom »ich«, das in dem Vortrag noch zu hören ist, in ein »er« verwandelt. Für mich bleibt es aber doch Adorno, in der »Tendenz [...], die freie Rede, wie man das so nennt, auf Band aufzunehmen und dann zu verbreiten, sieht er selbst ein Symptom jener Verhaltensweisen der verwalteten Welt, welche noch das ephemere Wort, das seine Wahrheit an der eigenen Vergänglichkeit hat, festnagelt, um den Redenden darauf zu vereidigen«.[6] Es wäre gar keine Entschuldigung nötig, so dramatisch ist das doch alles gar nicht – vielleicht etwas didaktischer als einige seiner an Marmor erinnernden Texte, deren Argumente wie Maserungen im Stein aus Gründen, die zu erkunden eventuell zu kompliziert ist, irgendwo anfangen und sich dann verzweigen und aufhören und wieder anfangen: sehr dichte Materie.

Adorno erklärt zu Beginn seines Vortrags, woher das Wort Kultur kommt. Es sei falsch anzunehmen, nur die europäische Geisteskultur sei Kultur und die amerikanische eben nicht. Adorno findet, dass die Amerikaner nette Leute sind, die einen anlächeln.[7] (Was »recht wohl dafür zu entschädigen vermag, daß die betreffenden Leute die Namen Bach und Beethoven nicht ganz so korrekt aussprechen, wie wir glauben, daß es zur Bildung nun einmal dazu gehöre«.)[8] Aus diesem Lächeln macht er einen Punkt. Während Europäer ihrem Bedürfnis folgten, mit sich selbst identisch zu sein – »als ob die Identität mit sich selbst immer wünschenswert sei« –, und deshalb Wert auf ihren Flunsch legten, auf »ein bösartiges, vermuffeltes Gesicht«, sei man in Amerika schon weiter: Auch wenn ein Begrüßungslächeln nur antrainiert und ein Zeichen von einer bloß gewohnheitsmäßig ausgeübten Zivilisation sei, so gilt Adorno dies als eine »echte« Kultur, von »realer Humanität« ist die Rede.[9]

Sie tritt in komischen Formen auf, insbesondere an den Kindern könne man das beobachten, bisweilen werfe eines einen Stein nach einem, wenn man über die Straße gehe, und die Eltern seien bei einer Beschwerde keineswegs bereit, ihre Rotzlöffel zu rügen, vielmehr würden sie einem selbst vorwerfen, man verstehe nichts von »progressive education«.[10] »Aber die Art, in der jedes amerikanische Kind eigentlich ununterbrochen einen sogenannten ice-cone, einen Kegel mit Eiscreme essen, in jedem Augenblick eine Art Erfüllung des Kinderglücks finden kann, nach dem unsere Kinder einst vergebens sich die Hälse ausrenkten – das ist wirklich ein Stück der erfüllten Utopie.«[11]

Zumindest für die Kinder. Die amerikanische Eiscremeindustrie hatte es nicht leicht, während sich Adorno mit zu progressiv erzogenen Steinewerfern und Leckermäulchen versöhnte. Die von ihnen verzehrten »Kegel mit Eiscreme« bestanden während des Zweiten Weltkriegs zum Teil aus geschrotetem Popcorn, weil kein Weizenmehl für Waffeln vorhanden war.[12] Dabei war die erfüllte Utopie Eiscreme in den Vereinigten Staaten von Amerika bereits im Ersten Weltkrieg in den Stand eines essenziellen Lebensmittels erhoben worden, dessen Produktion trotz der steigenden Rohstoffpreise (Zucker verteuerte sich um 83 Prozent) weitergehen musste. 1933, als die erste deutsche Speiseeisverordnung ausgegeben wurde, kämpfte die US-amerikanische Eiscremeindustrie gegen autonome Produzenten, *Bootlegs* ihrer eigenen Produkte, aus Löchern in der Wand verkauft, mit Fett aus fremden Landen hergestellt.[13]

Die *Ice Cream Review* schrieb, hausgemachtes Eis verhielte sich zu Industrieprodukten ungefähr so wie eine Postkutsche zu einer Dampflok: »Technically trained men [...] have learned how to make these things a better way.«[14] Auch im Zweiten Weltkrieg konnte sich Eiscreme auf der offiziellen »Basic Seven Foods Chart« halten, ein Teil der amerikanischen Milch wurde weiterhin dafür reserviert, »childhood's caviar, poor man's pheasant, fat lady's tempter« zu produzieren.[15] Die Industrie war stark, ihre Gegenspielerin die Hausfrau und ihre Eiscremespezialrezepte. Und Adorno, der auf Seiten der Hausfrau gegen industrielles Eisvergnügen anschreibt: »War das Amusementbedürfnis weithin von der Industrie hervorgebracht, die den Massen das Werk durchs Sujet, den Öldruck durch den dargestellten Leckerbissen und umgekehrt das Puddingpulver durch den abgebildeten Pudding anpries, so ist dem Amusement immer schon das geschäftlich Angedrehte anzumerken, der sales talk, die Stimme des Marktschreiers vom Jahrmarkt.«[16]

Über die Herkunft des Eiscremekegels, der in Adornos Vorstellung in jedem Augenblick als potenzielles Glück in

Kinderhände gelangen kann, steht in seinen Ausführungen zur amerikanischen Kultur nichts. Aber es steht da, was Kinderglück ist: Kinderglück sind erfüllte Kinderwünsche, insofern diese Wünsche solche sind, die Kinder haben. Dass sich diese immer erfüllen, ist eine Utopie, anders als zum Beispiel für manche der Wunsch nach einem eigenen Kind, zu dem sich Adorno nicht nur im Zusammenhang mit Amerika nicht geäußert hat. »Ihm lag an der qualitativen Differenz zwischen Glück von der Stange und jenem utopischen Glück, das einen Kinderwunsch erfüllt und für das, nach dem Wort Stendhals, große Kunst einsteht.«[17]

Den erfüllten Wunsch eines Kindes als Utopie zu bezeichnen, entspringt Fantasien von Erwachsenen darüber, was es bedeutet, ein Kind zu sein. Und vermutlich ist vor allem für diese Erwachsenen die Kindheit die eigentliche Utopie.* Kinder selbst müssen sich erst mühsam darüber informieren und erst mal nachfragen, was Utopien sind. Diese Erwachsenenfantasien sind Biografien im Modus der Versionsgeschichte der eigenen Person. Das Glück ist dabei hausgemacht wie ein gebootlegtes Vanilleeis, es liegt in der Erzählung, dem Wiedererkennen jeder einzelnen Etappe.

---

* »Ich wollte einfach dorthin zurück, wo ich meine Kindheit hatte, am Ende aus dem Gefühl, daß, was man im Leben realisiert, wenig anderes ist als der Versuch, die Kindheit verwandelnd einzuholen. Gefahr und Schwierigkeit meines Entschlusses habe ich nicht unterschätzt, aber bis heute nicht bereut.« Wolfram Schüttes Anthologie über *Adorno in Frankfurt* wirbt mit diesem Zitat auf dem Rückumschlag des Buches. Es ist an dieser Stelle nicht angegeben, woher dieses Zitat stammt. Es spricht einiges dafür, es ortlos zu belassen, um die Ortlosigkeit der Kindheit im Erwachsensein zu spiegeln. Ein neuer Kontext eines Zitats, so wie hier, braucht aber den alten: TWA, »Auf die Frage: Warum sind Sie zurückgekehrt«, GS 20.1., S. 395.

Um so einen Text in Gang zu bringen, ist laut Adorno eigentlich kein Wort Stendhals (große Kunst) notwendig, sondern es reicht, sich vorzustellen, man könne sich beispielsweise mit einem Wombat knirschend, knurrend oder gurrend verständigen, wie eben mit Kindern: »Nicht so durchaus ist der Gattung Mensch die Verdrängung ihrer Tierähnlichkeit gelungen, daß sie diese nicht jäh wiedererkennen könnte und dabei von Glück überflutet wird; die Sprache der kleinen Kinder und der Tiere scheint eine.«[18]

Auf einem Foto aus dem Sommer 1988 bin ich knapp fünf und sitze vor einer Eisdiele in der Eifel. Ich esse engagiert aus einem sehr großen Hörnchen, das eher eine Becherportion denn nur zwei Kugeln enthalten hat. Weiße Klettverschlussturnschuhe, blaue Breitcordhose, Beine übereinandergeschlagen, das Hörnchen wurde tropfsicher in einer Serviette gereicht. Aus der Fernsehsendung *Löwenzahn* erfuhr ich ungefähr zu dieser Zeit von der Existenz von Smog. Zu meinen utopischen und in schlaflosen Nächten mitgeteilten Wünschen zu dieser Zeit gehörte es, dass meine Eltern Helmut Kohl einen Brief schreiben und zu einer Abschaffung des Smogs bewegen sollten. Zu meinen unerfüllten Wünschen zu dieser Zeit gehörten Ballettunterricht und eine Käthe-Kruse-Puppe. Zu meinen erfüllten Wünschen gehörte auch Eis, das ist richtig. Und dass das Haus, in dem sich unsere Wohnung befindet, nicht einstürzt.

Dabei kann ich die Sache mit dem Haus nur nachträglich als einen erfüllten Wunsch verstehen, denn die eigentliche Erinnerung ist diejenige an die Angst, dass das Haus, vor dem ich einmal heulend stehe, weil mir auf dem letzten Meter meine Eiskugel aus der Waffel gekippt ist, einstürzen könnte. Ich weiß nicht, was ich zum Trost für das runtergefallene Eis erhalten habe, noch ein Eis oder den Hinweis, dass es morgen vielleicht ein neues gäbe und dass ich besser aufpassen müsse. Angstvorstellungen, die nicht eintreten, sind sehr schöne Wunscherfüllungen, für alle anderen Wünsche gibt es andere Spezialbegriffe und Veranstaltungen: beispielsweise Begehren, beispielsweise Psychoanalyse.

Der Bruder eines Bekannten hatte als Kind Angst, wenn er das ihm noch unbekannte Wort »Ross« hörte. Seine Mutter wiederholte daraufhin immer wieder den Satz: »Keine Angst, Rosse sind Pferdchen.« Das unausgesprochene Versprechen liegt darin, dass einem das Pferd nichts tun wird. Damit ist für den Moment alles gesagt, unter anderem auch, weil der Satz eine gute Melodie hat. Wiederholt man ihn oft genug, wird er zur Formel ohne Pferdefuß, die andauernde Selbstbeschwörung gerinnt zu Musik.

Geht man auf diese Art und Weise lange genug damit im Kreis, kommt man weiter. »Mit Grund stehen jene Figuren der Tristanpartitur nach den Worten ›der furchtbare Trank‹ an der Schwelle der Neuen Musik, in deren erstem kanonischen Werk, Schönbergs fismoll Quartett, die Worte erscheinen: ›Nimm mir die Liebe, gib mir dein Glück!‹ Sie sagen, daß Liebe und Glück falsch sind in der Welt, in der wir leben, und daß alle Gewalt der Liebe übergegangen ist an ihr Gegenteil. Wer es aber vermöchte, den übertäubenden Wogen des Wagnerschen Orchesters solches Metall zu entreißen, dem vermöchte sein veränderter Klang zu dem Trost zu verhelfen, den es trotz Rausch und Phantasmagorie beharrlich verweigert. Indem es die Angst des hilflosen Menschen ausspricht, könnte es den Hilflosen, wie immer schwach und verstellt, Hilfe bedeuten, und aufs neue versprechen, was der uralte Einspruch der Musik versprach: Ohne Angst Leben.«[19] Das hier ist

Death Metal. Verlangt wird, hier alles von der Gewalt der Liebe bis zur Phantasmagorie mitzumachen. Im Anschluss soll man die Behauptung schlucken, dass man genau das wieder loswerden muss, um Trost in ebenjenem Orchestersound zu finden. Sich dem Death Metal einer wagnerianischen Musikdichtung auszusetzen und sie durchzustehen verkleinert die Rosse zu Pferdchen. So lautet der Wunsch.

Erfüllte Wünsche als Utopien zu sehen heißt, Wunscherfüllung als unmöglich aufzufassen. In dieser Konzeption sind sie mit keinen anderen Mitteln als Gedanken erreichbar, sie haben keinen Ort, an den einen Füße bringen können. Das kriegt man allerdings nicht von Adorno selbst zu hören, der doch zur Utopie so viel zu sagen hatte,* aus Gründen der Dezenz aber umso weniger über sich selbst. Das haben andere für ihn übernommen: »Mir wurde mit den Jahren immer deutlicher, daß Adorno ein melancholischer, ernstgestimmter Mann war, der sich beispielsweise daran störte, daß Bekannte unwillkürlich lächelten, wenn sie ihn auf der Straße begrüßten. Adorno ging mit todernster Miene auf sie zu, obwohl er keinerlei Groll gegen sie hegte. In einer Welt sozialer Kälte wollte Adorno falscher Unmittelbarkeit keinen Vorschub leisten.«[20]

Lange gab es nicht genug Kälte in Privathaushalten, um dort Eis aufzubewahren. Eis war ein Essen für das Hier und Jetzt,

---

* »Zentral unter den gegenwärtigen Antinomien ist, daß Kunst Utopie sein muß und will und zwar desto entschiedener, je mehr der reale Funktionszusammenhang Utopie verbaut; daß sie aber, um nicht Utopie an Schein und Trost zu verraten, nicht Utopie sein darf. Erfüllte sich die Utopie von Kunst, so wäre das ihr zeitliches Ende.« TWA, *Ästhetische Theorie*, GS 7, S. 55.

schnell musste es gehen, sobald man es in der Hand hielt. 1923 waren in den USA etwa 20 000 Kühlschränke in Privatgebrauch, keiner hatte ein Gefrierfach.* 1935 wurden bereits eine halbe Million Kühlschränke verkauft. Deren Eisfächer waren gerade einmal groß genug, um eine Schale Eiswürfel aufzunehmen. Die amerikanischen Kinder, die Adorno beobachtet hatte, müssen also eher aushäusig fündig geworden sein. Damit hatten sie mehr Glück als jene deutschen Kinder, für die schon 1910 die Utopie des stets verfügbaren Eis-Kegels fern war. Aus der Speiseeisverordnung der Stadt Witten: »Speiseeis darf an Kinder und jugendliche Personen unter 16 Jahren auf öffentlichen Wegen, Straßen und Plätzen nicht verkauft werden.« Eisverkäufer sollten sich auch nicht in der Nähe von Schulen oder Sportplätzen aufhalten. Es drohte eine Geldstrafe von 30 Mark.[21]

Probleme bestanden jedoch nicht nur in der Kühlung des Eises zu Hause, sondern vor allem auch bei der Produktion. 1928 wurde der *continuous process freezer* in die industrielle Fertigung von Speiseeis eingeführt, der Creme am laufenden Meter zu Eiscreme werden ließ. So konnten Früchte gleichmäßig

---

*1908 fand der erste internationale Kühlkongress, veranstaltet vom Institut International du Froid, in Paris statt. 1924, bei der vierten Ausgabe dieser bis heute stattfindenden Veranstaltung, stand jedoch nicht die missliche Lage der Aufbewahrung von Eis in Privathaushalten im Vordergrund, sondern eher die Frage, wie man organische Substanzen einfrieren könnte. Der Aufstieg der Kryobiologie seit den 1930er-Jahren verbesserte diese Lage nicht. Eiscreme ist für die Lebenden, die Kryosphäre für das ewige Leben (siehe Alexander Friedrich, Stefan Höhne, »Regimes of Freshness: Biopolitics in the Age of Cryogenic Culture«, in: *Medicine Anthropology Theory*, 3 (2016), {https://doi.org/10.17157/mat.3.3.457}.

beigemischt und die Eiscreme einfacher in Verpackungen gefüllt werden. Neu waren auch große Papiercontainer, deren geringes Gewicht den Transport auch größerer Eismengen günstiger und hygienischer machte, die zuvor genutzten Metallcontainer rosteten leicht.[22] Geliefert wurde das Eis an Soda Fountains.

Soda Fountains sind keine Eisdielen, Eisdielen sind keine Eiscafés. In Deutschland wurden seit Beginn des 20. Jahrhunderts Eisverkaufsstationen in von italienischen Gelatieri angemieteten Privatwohnungen im Erdgeschoss Eisdielen genannt.** Die Eisherstellung war zwar maschinell unterstützt, glich aber eher derjenigen der Bootlegger, die von der amerikanischen Industrie gefürchtet waren. Aus dem Fenster heraus verkauften Gelatieri ihr Eis. Die Diele war das Ablagebrett davor. Im Eisjahr 1933 eröffnete Mario Fontanella in Mannheim ein erstes Eiscafé, sein Sohn erfand später das Spaghettieis.***

** Es gibt einige Globalgeschichten der Eiscreme, aber wenige Eisdielen-Chronisten. Im Starnitzel-Paradies Wien wird es aber evtl. schon seit den 1860er-Jahren Eisdielen gegeben haben. 1860 erlaubte Franz Joseph I. erstmals Antonio Tomea aus Zoppè, im Wiener Prater sein Eis aus einem Wagen im Prater zu verkaufen (Overbeck/Osses, *Eiskalte Leidenschaft*, S. 16).

*** »[Reporter] Und Sie sind sich sicher, dass Sie es wirklich erfunden haben, niemand anderes? [Fontanella] Ja. Seit 1969 bis heute hat es nie jemand in Zweifel gezogen, auch nicht bei Uniteis, der Union der italienischen Speiseeishersteller in Deutschland, die Tausende Mitglieder hat. Unsere Familie hat da übrigens die Mitgliedsnummer 24.« Alfons Kaiser, »Eis lebt von der Einfachheit«, 24. Juli 2015, {www.faz.net/aktuell/stil/essen-trinken/spaghetti-eis-erfinder-dario-fontanella-im-interview-13717578.html?printPagedArticle=true#pageIndex_2}, letzter Aufruf 24.02.2021.

Die Deutschen mochten Eiscafés von Anfang an sehr gern,* immer schon waren das keusche Orte, zunächst nur echt mit Gardine,[23] damit keine Blicke die drinnen sitzenden Gäste korrumpierten. Nicht, dass sie sich unanständig verhielten, die Gardine dient ja auch im Wohnzimmer vor allem der Gemütlichkeit. Dennoch durfte die deutsche echt italienische Eisdiele als ein guter Datingground gelten. Es ist unklar, aus welchen Gründen die *Iserlohner Zeitung* vom 23. Mai 1959 neben einer Rezension des Films *Pesthauch des Dschungels* und einem Bericht über den Wettbewerb der Jung-Landwirte einen Bericht aus der Eisdiele Valentino bringt, aber das Wichtigste wird festgehalten: »Eis Valentino ist bei den ›boys and girls‹ die kalte Mode. [...] Heiße Rhythmen aus der Musikbox, flottfrisierte und salopp gekleidete ›Halbwüchsige‹ in einem vollen ›Laden‹ ... das ist die Situation am Freitag- oder Samstagabend in der Eisdiele der Friedrichstraße. Aber dieser erste Schein trügt; denn hier wird kein Ringelpietz veranstaltet, sondern die Jungen und Mädchen löffeln recht manierlich und gesittet aus ihren köstlichen Eisbechern, deren ›kalter Inhalt‹ Valentino Lazzarin aus Italien zubereitet hat.«[24]

Ringelpietz ist nicht in Anführungsstriche zu setzen, das Eis ist als »kalter Inhalt« für Teenies weniger ernst zu nehmen, als

---

*Solange mit Mussolini alles glatt lief, gab es kein Problem. »›Gelati! Gelati!‹ Wer Italien kennt, dem ist auch dieser Ruf nicht fremd. Dort wurde und wird die kalte Erfrischung in großer Mannigfaltigkeit dargeboten, und das italienische Eis hat sich auch allenthalben bei uns einen Verehrerkreis erworben. So ist es erklärlich, daß im Stadtgebiet Kölns immer neue Speiseeisläden aufgemacht werden.« Italienisches Speiseeis – sehr beliebt. Neukonzessionen wurden an zwei Betriebe erteilt, o. J. [ca. 1941], RWWA 335-2-2., zit. n. Maren Möhring, *Fremdes Essen. Die Geschichte der ausländischen Gastronomie in der Bundesrepublik Deutschland*, Berlin 2012, S. 237.

Lebensgrundlage für Gelatieris aber schon. Das Eiscafé Campisi lag in der Hoyastraße, der Fußweg von zu Hause betrug 160 Meter, ich konnte sie allein gehen. Ab welchem Alter zuerst? Vier? Vielleicht ging es zusammen mit meiner Schwester. Dieses Eiscafé, von uns fälschlich auch Eisdiele genannt, war im Winter geschlossen. Wie ich von Erwachsenen hörte, fuhren die Inhaber zurück nach Italien und verbrauchten »zu Hause« das Geld, das sie im Sommer verdient hatten. Derweil war die Innenseite der Fenster des Cafés mit dem Pergamentpapier verklebt, das bei Betrieb dazu verwendet wurde, Eisportionen im Becher für den Transport zu verpacken. Obendrauf kam immer noch eine runde Waffel. Mein Vater erprobte bisweilen sein selbst beigebrachtes Italienisch bei Campisi, wenn wir uns reinsetzten; Cappuccino mit Sahne war noch keine Darreichungsform des Kaffees, an der fehlende Lebensart abzulesen war. Aber uns wurde ohnehin alles anstandslos hingestellt, *ciao vorrei un cappuccino*, anstandslos abgenickt, ist ok. Auch ich konnte ein italienisches Wort, das ich in einem Sprachkurs für Kinder erlernte: *spazzolino* bedeutete angeblich Zahnbürste. Das Farbschema der Einrichtung im Eiscafé war rosa-grau, aber vielleicht ist das nur die Erinnerung, die sich an das anpasst, was ich als jetzige Mode und Wiederholung der 1980er zu erkennen glaube, wenn ich Interior-Influencer-Instagram betrachte. Das fälschlich als Eisdiele bezeichnete Eiscafé Campisi verfügte schon über Tische auf dem Bürgersteig, die Gardine war abgeschafft, auch die Deutschen hatten im Italienurlaub gelernt, draußen zu essen.[25]

Anders Adorno. Bei seinen Italienreisen in den 1930er-Jahren ging es ihm recht schlecht. »Immer wieder berichtet Adorno von gesundheitlichen Zusammenbrüchen, 1933 meldet er beispielsweise an Kracauer ›schwerste Schlaflosigkeit, verbunden mit einer Magenneurose, die mir das Essen zur

Unmöglichkeit – oder zur Qual macht.‹«[26] Auf diesen Zustand ein Eis draufzusetzen ist keine gute Idee. Eis wird Patientinnen und Patienten gereicht, die die Mandeln entfernt bekommen haben, es dient der Kühlung. Vor allem aber ist es eine kleine, gute Sache, wenn gerade so Klümpchen aus einem herausgeschnippelt wurden.

Marie-Theres war Krankenschwester, sie wohnte in der Wohnung über uns und war alleinstehend. Sie war nett zu uns Kindern und hatte selbst keine. Einmal nahm sie mich mit auf Station und ich sah sie an ihrer Arbeitsstelle: Aha. So sah das also aus. Ihren Eltern hatte zu Beginn des 20. Jahrhunderts das ganze Haus gehört, das nun in einzelne, unpraktisch geschnittene Wohnungen aufgeteilt war. In Marie-Theres' Wohnung, die ich manchmal besuchte, war es leer und immer aufgeräumt, die Einrichtung bestand unter anderem aus dem massiven Ehebett, das sie von ihren Eltern geerbt hatte und das wie ein schwerer Trumm im Schlafzimmer stand. Im Wohnzimmer befanden sich schwarze Ledermöbel und in meiner Erinnerung, die von einer bloßen Einbildung schwer zu unterscheiden ist, auch ein Glastisch mit Stahlgestell. Die Möbel sahen wie Büroeinrichtung aus, es lag nichts herum, und alles deutete darauf hin, dass man hier alles Recht hatte, ein Leben als ganz allgemein trist einzuschätzen. Marie-Theres wohnte in stillen Räumen. Als wir wegzogen, war ich ein Teenager, und die Einsamkeit, die ich ihr unterstellte, weil ich sie zu beobachten meinte, machte mich verlegen. Ich sah sie noch einmal über die Straße humpeln, als ich bereits woanders wohnte, und da schien sie mir alt und schwer. Ich wendete in Gedanken mein angelesenes Wissen über die Rücken- und Hüftprobleme von Krankenschwestern auf sie an. Tatsächlich wusste ich nichts über ihre Lage.

Meine Mutter berichtete, Marie-Theres sei manchmal bei Campisi zu beobachten, wo sie an einem Tisch sitze und einen Eisbecher esse. Niemand will Marie-Theres bei Campisi sein, niemand will Marie-Theres bei Campisi werden. Aber diese Sichtweise ignoriert das Glück, das darin besteht, dass es einen Ort wie Campisi gab, der nächste Tchibo und seine Stehtische oder die nächste Konditorei waren viel weiter entfernt. Angesichts des Eiscafés verbietet sich eine Form von Mitleid, die allein Trost für die ist, die es empfindet. Denn es wäre ein Mitleid, das als »Massenartikel Rilkescher Trostsprüche« auftritt und sich für nichts zu schade ist, »von ›Bettler können dir Bruder sagen, und du kannst doch ein König sein‹ bis hinab zur berüchtigten Armut, dem großen Glanz aus Innen«.[27] Mitleid bestünde hier vielleicht eher in einem Mitgefühl, das ebenso gut wie Trauer auch die Tröstlichkeit einer kalt servierten Bestellung sein kann.

Man hat sich darauf geeinigt, dass es die adornitischen Kegel aka Hörnchen in den USA erst nach 1904 gab.[28] Bei der in diesem Jahr stattfindenden Weltausstellung in St. Louis machte sie ein syrischer Emigrant populär. Man war spät dran. François Massialots *Nouvelle instruction pour les confitures, les liqueurs, et les fruits* von 1715 ist eines der ersten Standardwerke der Nachtischkunst, das Hinweise zum Aufrollen von Waffeln und dazu enthält, wie sie knusprig bleiben.[29] Der Name des Erfinders der amerikanischen Hörnchen war Ernest Hamwi, er wollte eigentlich nur Waffeln in Hörnchenform verkaufen, half dann aber seinem Nachbarn aus, der für seine Eiscreme keine geeigneten Gefäße mehr zur Hand hatte. So ein Hörnchen ist auch in solchen Fällen eine kleine, gute Sache. Noch mal alle Silben durchzählen, es sind nicht viele, »kleine, gute Sache«.* Sagen wir mal: zwei Kugeln, Vanille und Schokolade.

Darf man Adorno ein Hörnchen in die Hand drücken, hier, halt mal, Vanille und Schokolade, nimm? Warum stellt sich die Frage? Unter anderem: Adorno hatte Diabetes. »Liebe Nilstute«, schreibt seine Frau Gretel Adorno im April 1946 an Adornos Mutter, als ihr Mann zur Analyse seiner Krankheit im Santa Monica Hospital liegt, »ich werde jetzt fleißig Rechenaufgaben machen, der Trick mit Archies Diät besteht darin, daß er morgens, mittags und abends ziemlich die gleiche Menge von Nahrungsstoffen aufnehmen muß. Es werden nicht nur Zucker und Stärke (die Kohlehydrate), sondern auch Fett und Eiweiß genau kontrolliert, damit er nicht von Kräften kommt und dauernd Hunger hat. Aber wir werden sicher bald eine Routine herausgefunden haben.«[30] Eine Kugel Schokoladeneis hat circa 120 Kalorien, die meisten kommen aus Fett und Zucker, Frau Adorno weiß es genau, ein Eis kam aller Wahrscheinlichkeit nach nicht infrage, utopisch die Idee, man könne immer eines essen, ganz wie man wollte.

Die Briefe Adornos an seine Eltern sind voller familiärer Eigentümlichkeiten, die zu lesen peinlich intim sind, sie exponieren all die Tiernamen, mit denen alle in der Familie bedacht werden. »Hottilein und Rossilein« schreiben Briefe an die Eltern, die Mutter wird die Wundernilstute genannt – ist eigentlich Wundernils-tute gemeint oder die Wunder-nil-stute? Wahrscheinlich letztere, denn wie ein Tierchen spricht er sie an, wie ein

* »›Sie müssen wahrscheinlich was essen‹, sagte der Bäcker. ›Ich hoffe, dass Sie von meinen warmen Brötchen ein paar essen. Sie müssen essen und weitermachen. Essen ist eine kleine, gute Sache in so einer Zeit‹, sagte er.« Raymond Carver, »Eine kleine, gute Sache«, in: ders., *Kathedrale*, übersetzt von Helmut Frielinghaus, Berlin 2001, S. 82–116, hier: S. 115.

Tierchen schreibt er da selbst, klein. »Dein altes Kind Archie«, steht unter den Briefen. Manchmal nennt er sich auch Nilpferdkönig, die Miniaturnilpferde aus der Adorno-Wohnung sind oft erwähnt worden:** »Niltrottel Archibald«[31] sammelt Nilpferde usw. Haha? Haha.

Wer sich dem aus Pietät nicht widmen will und Kritische Theorie ohne Hörnchen betreibt, ist vornehm: schön. Das muss allerdings nicht an einem übersteigerten Anspruch auf Vornehmheit liegen, und selbst wenn es so wäre, scheint dieser Anspruch nur schwer nachweisbar, außer, man möchte sich auf Ferndiagnosen im Bereich der Individualpsychologie verlegen. Kritische Theorie ohne Hörnchen ist in allererster Linie: angebracht. Mit einem Hörnchen in der Hand, das man nicht weglegen oder aufessen möchte, schreibt und kämpft es sich schlecht. Also weg damit. Solange TWA selbst die Kontrolle hat, entfaltet sich Kritische Theorie als eine Ü18-Philosophie von Erwachsenen für Erwachsene. Erst nachträglich werden die Nilpferde hervorgeholt. Jetzt steht allen die Möglichkeit offen, sich eine individuelle Spezialanfertigung der Theorie mit Regressions-Garnitur anzufertigen.

Eine Ausnahme vom niedlichen Bestiarium im Hause W. A., wie es in den familiären Briefwechseln auftaucht, ist das W. in »T. W. A.«. Oscar Wiesengrund, Adornos Vater, wird weiterhin bei

---

** In Frank Witzels Roman *Inniger Schiffbruch* setzt ein Traum über ein Nashorn eine Auseinandersetzung mit dem Tod der Eltern und der Familienbiografie in Gang, in der er immer wieder auf Adorno zurückkommt und insbesondere sein Befremden über die regressiven Dynamiken in den Briefen Adornos an seine Eltern nicht zurückhalten kann: es handele sich dabei um eine »derart vor-ödipale Naivität, dass man als Außenstehender nur schwer daran teilhaben möchte«. Vielleicht hängt das auch davon ab, wie aufgeklärt die eigene Familienbiografie ist. (Frank Witzel, *Inniger Schiffbruch*, Berlin 2020, S. 28).

seinem Eigennamen genannt. Er ist nicht Teil der mythischen Familienfabel. So biedert sich diese Familienaufstellung nicht nur in ihrem Umtanzen des Namens des Vaters psychoanalytisch geradezu an. In einem unkontrollierten Moment während der Pubertät verriet ich Klassenkameraden den Namen des Tierchens, mit dem ich in meiner Familie identifiziert wurde. Dieser Name ist kein Geheimnis, er ist bloß meiner. Die Häme, mit der ich damals als Reaktion auf meine vertrauensselige Mitteilung bedacht wurde, brennt immer noch.

Adorno in Frankfurt dokumentiert die Briefe, in denen er darum bat, der Zoo möge doch bitte ein Wombat anschaffen. »Ich kann mich an diese freundlichen und rundlichen Tiere mit viel Identifikation aus meiner Kindheit erinnern«, und auch eine Version seiner selbst im Gehege wünschte er sich, »wie steht es mit den Zwergnilpferden, die es einmal in Berlin gab?«[32] Wombats sind klein und knopfäugig, nicht ganz so niedlich wie die anderen komischen Beuteltiere, eine regionale Spezies aus Australien mit dem unmöglichen Namen Quokka. Aber Wombats sind immerhin doch niedlich genug, um in die Kategorie des Trostes durch Rundlichkeit zu fallen. Und auch junge Zwergnilpferde sind ungefähr so groß wie ein Gummistiefel und schwimmen wie seltsam federleichte, aber dennoch enorm pralle Medizinbälle unter Wasser. Klein und rund und knopfig, das ist schön. Der Twitter-Feed von @quokkaeveryhour versorgt sein Gefolge jede Stunde mit neuen Bildern der rundesten Beuteltierspezies, die man sich denken kann, und das ist so bequem und so zugänglich, so fluffig wie ein Softeis. Wo sollte da der Adorno drinstecken, außer in der Ablehnung eines automatisierten Services zur Verschickung von Bildern, die einen von denjenigen ablenken, die das Elend zeigen, das es zu bekämpfen gilt. Aber er steckt mittendrin. Schaut ihn euch an, ist er nicht selbst klein und rund

und knopfig?* Und er wusste doch selbst über den Trost der runden Dinge bestens Bescheid, wie eine Kuppel legen sich seiner Meinung nach die Töne der Neuen Musik über die »Klage der verlassenen Kreatur«.[33] Und am höchsten Punkt dieser Kuppel, an der Stelle ihrer rundesten Rundung, da liegt, ganz genau so sagt er es, der Punkt, an dem aus Trauer Trost wird.**

Dieser Adorno, den man sich nun als alten Nilpferdkönig Archie rannehmen kann, ist zum Topos seiner eigenen Theorie geworden, seine Popularisierung ist die Folge seiner Popularität, über deren Wesen genug gesagt ist.[34] Ihn so nilpferdmäßig ranzunehmen ist indezent, indiskret vielleicht auch, eventuell ist es auch eine Säkularisierung seiner Theorie, die sich biografisch an ihn ranwanzt, wo man Schwierigkeiten hat, mit den Texten klarzukommen. Ab ins Café Laumer, da hat er doch bisweilen gesessen, oder (ODER?), angeboten wird in dem Lokal an der Bockenheimer Landstraße in Frankfurt allerdings nur das Frühstück Horkheimer (»Schafskäse, Tomaten, Bio-Speigelei, Speck, Bratkartoffeln & Brötchen 9,50 €«).

---

* »Daheim rief man ihn Teddy, und dieser Kosename war auf irgendeine Weise im Gymnasium bekanntgeworden. [...] Teddy hatte ein paar vertraute Klassenkameraden, die ebenso wie er selbst nicht bemerkt hatten, daß irgendein Widersacher an Teddys Rücken einen Zettel angeheftet hatte, auf dem groß ›Teddy‹ zu lesen stand. Im Handumdrehen zog ein ›Teddy‹ brüllender Haufen hinter dem Ahnungslosen her.« Erich Pfeiffer-Belli, »Frankfurt um 1900 und danach«, in: Schütte, *Adorno in Frankfurt*, S. 21–29, hier: S. 28.

** »Auf der Kuppelhöhe aber wandelt [Trauer] sich in Trost. Der gefangene Laut der Kreatur, der aufstieg als Gesang und nicht zerschellte, sondern im Echo dem wieder begegnet, der ihn entließ, tönt von der Hoffnung, die Kreatur sei nicht verloren, die einmal zu singen vermag.« TWA, *Improvisationen*, GS 16, S. 320.

Adorno hat die Briefe an seine Eltern nicht veröffentlicht, er hat die Nilstute nicht freigelassen und auch nicht das Nilpferd und auch nicht das alte Kind. Wissen lassen wollte er das Publikum aber, dass er in seinen Träumen einmal mit einer großen Dogge getanzt hatte, »zum ersten Mal in meinem Leben [...] sicher und hemmungslos. Zuweilen küßten wir uns, der Hund und ich.«[35] Biografisches findet sich zu von ihm verehrten Männern, Thomas Mann, Arnold Schönberg, Alban Berg. Letzterem sei es gelungen, »kein Erwachsener zu werden, ohne daß er infantil geblieben wäre«.[36] Unväterlich und nicht autoritär habe sich Berg verhalten. Ein Missverständnis liegt eventuell in der Annahme, dass Kinder selbst weder autoritäre Charaktere wären noch diese anderen vorziehen würden. Der Nilpferdfan pflegt jedoch zumindest in seinen Briefen an die Eltern ein Liebesverhältnis zu seiner Infantilität, in dem die Liebe seiner Eltern konserviert wird: Schön ist es, auf der Welt zu sein. Vielleicht gibt es überhaupt keine Erwachsenen.* Tröstlich wäre das mit Blick auf die eigene, nie abreißende Trostbedürftigkeit, die

---

* »CH [Claudia Hamm]: Das heißt, jede persönliche Wahrheit – von der du ausgehend von der Geschichte eines anderen sprichst – enthält eine allgemeine Wahrheit, die vom Leser identifiziert werden kann, und genau deshalb identifiziert er sich. EC [Emmanuel Carrère]: Diese Wahrheit wurde mal auf eine ganz großartige Weise formuliert. In einer Geschichte von André Malraux. Er erzählt, er habe irgendwann einmal einen alten Pfarrer getroffen, der als großer Beichtvater bekannt war. Und Malraux war sehr interessiert an ihm, denn er dachte sich: Da ist einer, der so viele hat beichten hören – [...]. Und Malraux fragte ihn: ›Was haben Sie über die Menschen gelernt?‹ Und der Pfarrer antwortet: ›Ich habe zwei Dinge gelernt. Dass die Leute viel unglücklicher sind, als man glaubt, und dass es keine Erwachsenen gibt.‹« Nachwort, in: Emmanuel Carrère, *Der Widersacher*, Berlin 2018, S. 185 f.

leichter zuzugeben scheint, wenn sie bei einer maßgeblichen anderen Person entdeckt werden kann.

So mit Adorno rumzumachen liegt nahe, so macht er mit anderen rum. Am 16. Juni 1940 schickt er seinen Eltern anstelle einiger Ausführungen dazu, wie es ihm im Exil in den USA geht, einen Vortrag, den er kürzlich über Kierkegaard geschrieben hat. (Seine Frau Gretel fügt Grüße hinzu: »Alles Liebe von der lieben Giraffe Gazelle mit den Hörnchen, Gazellenhörnchen, Hörnchen, Hörnchen.«[37]) Damit übermittelt er seinen Eltern Überlegungen zu dem Autor, der ihn in eine »Lehre der objektiven Verzweiflung« eingeführt und damit den »Trost der Konkretion« gespendet hat.[38] Dieser Trost besteht darin, dass die Anerkennung dieser Lehre zumindest die Zufriedenheit darüber verspricht, sich nicht durch die Hoffnung auf Trost von den Zuständen ablenken zu lassen, die ihn nötig werden lassen.

Zum Eis findet sich vorerst weniger. Der Autor, der den »widerlichen Begriff des geistigen Leckerbissens«[39] nicht leiden konnte, wird aber immerhin als jemand beschrieben, der gern »schlemmte«[40]. Für diese Fremdbeschreibung kann er selbstverständlich nichts. Andererseits hätte es noch schlimmer kommen können, hätte man ihn als Genießer bezeichnet. Aber das ist auch nur ein »Allerweltstrost«: »armseliger Trost: es könne immer noch schlimmer werden«[41]. Und natürlich stimmt das: Denn das ist die Kraft des positiven Denkens, die es einer erlaubt, sich immer zu attestieren, dass sie Glück gehabt habe, gemessen an dem, was noch alles passieren könnte oder hätte passieren können (immerhin stürzen täglich irgendwo auf der Welt Häuser ein!). Dieses Denken ist so nicht vorgesehen.

Überliefert ist eine Szene mit Adorno und Hörnchen. Der Student Rainer Baginski ist mit seiner Freundin Greta im Frankfurter Palmengarten unterwegs. »Wir gehen [...] auf die Terrasse zu, und vor der Terrasse auf einer Bank sitzen der Philosoph und seine Frau, sitzen Teddie und Gretel, wie sie liebevoll von Freunden und Bekannten genannt werden. Sie halten sich an den Händen wie Kinder oder Liebende, in seiner freien Hand hat Adorno ein Eistütchen. Und er leckt das Eis voll konzentriert.« Der Text geht dann damit weiter, dass Baginski* postum im Schreiben eine Variante dessen vollzieht, was (in Analogie zu Dauerbrennern der *BILD*-Sprache wie »Liebes-Aus« und »Sex-Rowdy«) immer noch Busenattentat heißt. Noch etwa vierzig Jahre nach dem Vorfall ist Baginski gleichermaßen von seiner Promi-Sichtung begeistert wie davon, dass der Promi mit seiner Ehefrau in der einen und einem Eis in der anderen Hand unterwegs ist. Er selbst hingegen hat eine Trophäe dabei, deren »phänomenal schönen Busen« er in seinem Text nicht aufhören kann zu rühmen. »Und das Eigentümliche ist, der Philosoph hält, vielleicht verursacht durch die kurvenreichen Phänomene, die sich seinem Blick darbieten, das Eis mucksmäuschenstill in der Linken

---

* »Der Mann, Jahrgang 1939, heißt Rainer Baginski und gehört zur Frankfurter Gesellschaft, vielleicht nicht als Original (wie beispielsweise der Volksschauspieler Alfred Edel), aber doch als rundum neugieriger Zeitgenosse, der die Gunst der Nachkriegsstunde nutzte, alles Wissenswerte in sich aufzusaugen wie ein Schwamm. Schon etwas zu alt für die Revolte war er in den sechziger Jahren Redakteur beim Satiremagazin Pardon und verkehrte mit den Komikproduzenten Eckhard Henscheid, Hans Traxler und Robert Gernhardt. Später wurde er Werber und Graphiker in Wolf Rogoskys PR-Agentur GGK (die mit der Jägermeister-Reklame). Als Kunstfigur Rolf Rainer Roginski (gebildet aus Rainer Baginski und Wolf D. Rogosky) wurde er in Chlodwig Poths Zeichenroman ›Fünfzig Jahre Überfluß‹ verewigt: als ›Werbefuzzi‹.« Lutz Hagestedt, »Der Gedanke vom Kind als dem Vater des Menschen. Rainer Baginski erzählt ›Das drittletzte Kind‹«, {https://literaturkritik.de/id/5535}, letzter Aufruf 24.02.2021.

und bewegt seinen Kopf und die Zunge an dem Eis rhythmisch auf und ab.«[42]

Es gibt hier verschiedene mögliche Lesarten. Ich könnte unterstellen, dass Baginski sich halt vor allem fürs Lecken interessiert, *pardon*, das wär's doch. ›Guckt doch, Adorno der Schwerenöter, er ist wie wir.‹ Ich könnte andererseits unterstellen, dass die Geschichte in ihrem Triumphbedürfnis ein rachsüchtiger Versuch ist, sich selbst über das hinwegzuhelfen, was schlimm war an Adorno: die Philosophie, die nicht zu verstehen, und die Gelehrtheit und der Ruhm, die nicht zu erreichen waren. Adornos Versuche, das Unverständnis als notwendig für die Philosophie darzustellen, nutzten offenbar nichts dagegen: »Gar nicht schlimm ist es, wenn man etwas nicht versteht, und keiner braucht sich dessen zu schämen in einer Welt, die von innen und außen die Kräfte der Konzentration einspart und unterhöhlt, auf welche Philosophie, darin ein archaisches Handwerk, nun einmal verwiesen ist. Schlimm aber ist es, wenn man nicht merkt, daß man etwas nicht versteht.«[43]

Eis-am-Stiel-mäßige Geschichten wie die von Baginski sind nur eine andere Form von Adorno-Verniedlichung, die schon seit einer ganzen Weile nicht unbeliebt ist. Verniedlichung ist die Herstellung von Erreichbarkeit eines Theoriebestandes, der kurzerhand in die Figur eines Philosophen mit Embonpoint gegossen wird. Erreichbarkeit ist Verständlichkeit, Verständlichkeit wird zu Verständnis, Verständnis zu Identifikation. Diese gerade aufgeribbelte Kette ist der Effekt, der sich auch schon eingestellt hat, als Adornos *Traumprotokolle* erschienen, die immer wieder mal gern zitiert werden. »Was Adorno seiner Frau zumutete, lässt sich dem Aufschreibesystem seiner *Traumprotokolle* entnehmen, 2005 postum bei Suhrkamp erschienen. Adorno notierte seine Träume gleich nach dem Aufwachen, Gretel tippte sie dann ins Reine.«[44] In diesem Artikel folgt ein längeres Zitat aus diesen Protokollen, dem einerseits zu entnehmen ist, dass Gretel Adorno auch dann abtippte, wenn es um die Geliebte ihres Mannes ging, und andererseits, dass es diesem offenbar wichtig war, auch seine erotischen Fantasien in sein Werk einzubauen. Hätte er es unterlassen, hätte man darüber spekulieren dürfen.

In der Regel und auch im gerade zitierten Artikel wird nur der erste Teil des Traumes vom 17. Dezember 1967 zitiert, in dem es unter anderem um die Empfehlung der Geliebten Adornos geht, er möge sich eine »Schwanz-Wasch-Maschine« anschaffen. Im zweiten Teil fällt die Stimmung. Nichts ist gut, das Ende ist nah: »Der Mond sollte auf die Erde fallen. Ich sah ihn am Tage ganz blaß am Himmel stehen, so wie er wirklich am Tag erscheint, aber vielleicht zehnmal so groß. Ich tröstete mich sanguinisch: wenn er wirklich hauptsächlich aus Staub oder einer losen Substanz besteht, wird der Aufprall nicht so schlimm werden.«[45] Überhaupt, Sonne, Mond und Sterne: Am 26. Juni 1960 träumt Adorno in Wien vom ersten Tag seit Erschaffung der Welt, an dem die Sonne nicht aufgeht. »Ich trat ins Freie und erblickte eine weite, hügelige, unermeßlich friedliche Landschaft. Sie lag wie in einer Mond-Dämmerung, doch kein Mond war zu erblicken. Völlig tröstlich.«[46]

Adornos Unbewusstes schickt ihm apokalyptische Post, inklusive fort/da-Sprachspielen. Eine Inhaltsanalyse ist kaum nötig, weil sich jeder gute Traum und jede gute Träumerin ja selbst analysieren kann (– wenn sie will. Wenn sie ein er ist, gilt das übrigens auch). In dem bekannten Schwanz-Wasch-Maschinen-Traum ist alles drin, die Gemeinheit gegenüber seiner Frau, die schnöde Oralfixierung auf die Geliebte, die übliche Scheiße einer bürgerlichen Ehe, in der nur einer von beiden als Genie bekannt ist: eine runde Sache. Von Interesse bleiben die Formfragen der

Traumerzählung. »Es wird ein Wust von Details vorgebracht, das nämlich, was für das Kind von Bedeutung ist und war, nicht das, was die Geschichte interessant macht, und schließlich lautet der Höhepunkt: ›... und dann sind wir angekommen, und dann habe ich ein Eis bekommen‹ – oder so ähnlich. Alle sollen die Geschichte wunderbar finden, weil das Eis wunderbar geschmeckt hat: Material, ungeformt.«[47]

All das lässt sich der Tchiboisierung des Autors in einem Moment andienen, in dem er sich nicht mehr wehren kann. Was heißt Tchiboisierung? Wo es vor allem Kaffee geben sollte, stehen jetzt Lycra-Unterhosen, nichts gegen Unterhosen, schon klar, aber so wird aus Adorno eben genau das. »In jedem Ort, wo Menschen leben, muss es die Tchibo Läden geben«, so angeblich Tchibo-Gründer Max Herz, der seinen Kompagnon Carl Tchilinghiryan ausbootete.* In den »Elementen des Antisemitismus« steht es ja ganz deutlich: Was man fürchte, werde einem angetan.[48] Man muss das nur abschreiben, um es noch mal schwarz

---

* Frank Witzel informiert über Tchibo, »das sich aus der ersten Silbe des Namens Tchilinghiryan und der ersten Silbe des Wortes Bohne herleitet, obwohl er schon bald aus der Erfolgsgeschichte von Tchibo verschwand«. Eigentlich wurde Tchilinghiryan entfernt, die Gründe dafür sind dem Erzähler zufolge fadenscheinige. Er hat es selbst im *Spiegel* gelesen, Tchilinghiryan wurde nur der »Armenier« genannt, bereichert hat sich sein ehemaliger Kompagnon Herz. Der »Spiegel, der mich durch diesen ungeschminkt kolonialistisch-rassistischen Artikel vom 17.10.1962, [...] dieser absoluten Verleugnung von Vergangenheit, von Nazizeit, Kolonialherrschaft und Völkermord verstehen lässt, mit einem Mal wieder verstehen lässt, warum jemand Säure auf Gemälde spritzt oder auf die Idee kommt, ein Kaufhaus anzuzünden«. Frank Witzel, *Die Erfindung der Roten Armee Fraktion durch einen manisch-depressiven Teenager im Sommer 1969*, Berlin 2015, S. 96 ff.

auf weiß zu lesen. Vielleicht wird es so wahr, oder eben genau nicht. Die Wucht des Satzes bleibt, allerdings auch in Form eines Blickfangs oder werblichen *claims* für das Gesamtpaket Adorno. Es ist gewissermaßen die größte Bestätigung der adornitischen Kritischen Theorie, dass sie in der Zergliederung in Bonmots, in der Form des dekontextualisierten, überaus eingängigen Zitats, also eigentlich: in einer bestimmten Form der Tchiboisierung ihre Vollendung findet.* Das würde endgültig bestätigen, dass die Feindschaft der Kritischen Theorie dem Konsum gegenüber notwendig ist: Sobald die Theorie als Biografie konsumierbar wird, kann sie zerstört werden. Umzug von *Minima Moralia* in die FuZo.

Das beliebteste Buch Adornos ist das, in dem am wenigsten theoretisiert und am meisten erzählt wird. Es handelt vor allem vom Leben in großen Städten, von Alltag in Konsumwelten und in den Ruinen, aus denen sie nach dem Zweiten Weltkrieg gerade erst hervorgegangen sind. Es geht darum, dass in diesen Konsumwelten alles verwertet wird, zu jeder Regung ›des Individuums‹ findet sich sofort das passende Produkt, und irgendwann

---

*Das muss ja nicht nur schlecht sein. Sianne Ngai behandelt die eingängigsten adornitischen Aphorismen als der ästhetischen Kategorie der cuteness zugehörig. In Ngais Lesart von Adorno ermöglichen cute Objekte und Kunstwerke überhaupt erst Kritik, weil sie nicht verhehlen, dass sie direkt aus dem Alltagsleben kommen und niemals anders als durch eine (natürlich) kritische Situierung darin zu verstehen sind. Nebenbei fügt Ngai ein, dass dies auch für Adorno selbst gilt: »these short, compact texts [in Minima Moralia] on the ephemeral minitutiae of everyday existence also bear a resemblance to ›cute‹ genres such as proverbs, jokes, or zingers.« Sianne Ngai, *Our Aesthetic Categories: Zany, Cute, Interesting*, Cambridge 2015, S. 101.

ahmen diese Produkte schlicht nur noch vor, was ›das Individuum‹ schließlich als eigene Regung zu identifizieren meint. Zusammengefasst: nichts geht mehr. Außer: sich keine Illusionen mehr darüber zu machen, dass nichts mehr geht. Das gilt insbesondere für die Kunst, die nur dann in Adornos Augen Gnade findet, wenn sie sich diese seine Einschätzung zu eigen macht. An dieser Stelle ist die Theorie auch Handeln, indem sie sich als Widerstand empfiehlt. »Das Tröstliche der großen Kunstwerke liegt weniger in dem, was sie aussprechen, als darin, daß es ihnen gelang, dem Dasein sich abzutrotzen.«[49] Was gibt es hier zu lernen, was gibt es hier zu tun? Aus nicht zu erledigender Trauer wird der Magnet für einen Taschenkompass, der den Weg zu denjenigen Artefakten weist, die nicht vom schönen Leben erzählen, das doch noch irgendwie für den Einzelnen zu verwirklichen wäre, sondern die einem Formen anbieten, denen sich Menschen als Gesellschaft anverwandeln können: »Hoffnung ist am ehesten bei den trostlosen.«[50]

Die Trauer, die so überwunden werden soll, kommt bei Adorno in der Regel ohne Tränen aus. Es wird nicht geflennt, geheult, gewimmert, nichts da. Es gibt Schmerzen, die als Leiden auf Dauer gestellt sind. Sie sind nicht auf Körper angewiesen, sie sitzen fest im Leben. »Die somatische, sinnferne Schicht des Lebendigen ist Schauplatz des Leidens, das in den Lagern alles Beschwichtigende des Geistes und seiner Objektivation, der Kultur, ohne Trost verbrannte.«[51] Dieses Leid ist evident. Wenn bei Adorno von Schmerz und Leid die Rede ist, gibt es keine Geschichte dazu, stattdessen einen Ortsnamen. »Alle Kultur nach Auschwitz, samt der dringlichen Kritik daran, ist Müll.«[52] Die neueste Geschichte ist hier unter der Chiffre Auschwitz so dauerpräsent wie camoufliert. Es gibt keinen Gedanken, der nicht dort hinführt. Der erste Satz von *Minima Moralia* beginnt mit dem Zustand der »traurigen Wissenschaft«, die sich mit ihrem Wissen wie einem Sack Blei trägt. *Minima Moralia* bietet dagegen Sentenzen an, gerichtet an einen Freund, den idealen Leser dieser Lebenslehre. Sie nordet den Blick ein, der fortan eingerastet ist in Richtung Hölle: »Es gibt nichts Harmloses mehr. [... U]nd es ist keine Schönheit und kein Trost mehr außer in dem Blick, der aufs Grauen geht, ihm standhält und im ungemilderten Bewußtsein der Negativität die Möglichkeit des Besseren festhält.«[53]

Man kann dieses Buch mit der Methode Bibelstechen* lesen und wird immer wieder auf dasselbe stoßen. Die »Barbarei ist wirklich das Ganze und triumphiert noch über ihren eigenen Geist«[54], wer etwas anderes behauptet, hält sich »am Vorrat des ohnmächtig sentimentalen Trostes«[55] schadlos und hat den Knall nicht gehört. Also werden einem Sätze um die Ohren gehauen, deren Schärfe die einer grundsoliden Autoaggression im Moment der größten Verzweiflung ist. Diese aufzuzeichnen und anderen zur Verfügung zu stellen ist dabei aber kein Testament vor dem Abgang, sondern eine Kampfansage, in Philosophie gegossen. Dem beschädigten Leben die Verzweiflung abzuhorchen ist eine Prüfung auf Vitalzeichen. Das Buch, das

---

* »Auch wenn das Bibelstechen und Bibelaufschlagen hermeneutisch wie dogmatisch verdächtig ist – ein vollends kanonischer Text ist ein Text, der in jedem Satz, in jedem Buchstaben: an jeder Stelle kanonisch ist. Man kann kurzerhand die Gleichung aufstellen: Je kanonischer ein Text, desto besser ist in ihm eine Stellenlektüre möglich. Heilige Schriften, von allen apokryphen Bestandteilen gereinigt, sind in beliebig zu isolierenden Bestandteilen immer gleich heilig.« Stefan Willer, »Fallen, Stellen, Örter, Lektüre«, in: Robert Stockhammer (Hg.), *TopoGraphien der Moderne. Medien zur Repräsentation und Konstruktion von Räumen*, München 2005, S. 197–228, hier: S. 203.

mit dem Zustand der traurigen Wissenschaft anfängt, endet dementsprechend auch mit einer Perspektive auf Erlösung – und gar nicht so insgeheim auch mit dem Verweis darauf, dass die Philosophie wohl nicht in der Wissenschaft enthalten sein kann, wenn es darum geht, sie gegen die Verzweiflung in Stellung zu bringen: »Philosophie, wie sie im Angesicht der Verzweiflung einzig noch zu verantworten ist, wäre der Versuch, alle Dinge so zu betrachten, wie sie vom Standpunkt der Erlösung aus sich darstellen.«[56] Nun soll doch irgendetwas gut werden können? Ja, aber nur dann, wenn »die Welt« »ihre Risse und Schründe offenbart, wie [sie] einmal als bedürftig und entstellt im Messianischen Licht daliegen wird«.[57]

Schon neun Jahre nach der Erstveröffentlichung dieser Sätze war die Welt dann endlich einmal im Ganzen zu sehen, und zwar in Form des Planeten Erde. Ermöglicht hatte dies nicht ein Messias, sondern Fototechnik. Die ersten Fotos der Erde, die ein Satellit am 1. April 1960 aufnahm, waren allerdings eher körnige Schwarz-Weiß-Bilder.[58] Zwölf Jahre später machte die Crew der Raumfähre Apollo siebzehn Aufnahmen von der Erde, auf der man sie zum ersten Mal *wirklich* und nicht nur als Modell im Ganzen und in Farbe sah. So wurde sie zur »Blue Marble« und die Geschichte vom verletzlichen Planeten konnte beginnen. Erde und Welt konnten eine neue, dabei traditionelle Identität annehmen.** Das Dunkel, in dem sich die Erde leuchtend

---

** »Vor allem zehrt jedoch die Kugelgestalt von einer profunden Symbolik ihrer Form. Selbst in Zeiten, in denen die Kugelform der Erde keineswegs anerkannt war, hatte sich diese als Symbol der Welt gehalten.« Horst Bredekamp, »Blue Marble. Der blaue Planet«, in: Christoph Markschies u. a. (Hg.), *Atlas der Weltbilder*, Berlin 2011, S. 366–375, hier: S. 368.

darbot, wurde zur Voraussetzung dafür, darüber nachzudenken, wie man das messianische Licht einschalten könnte, das die Menschheit zu einem rücksichtsvollen Umgang mit der Erde und einander bewegen würde. Es versteht sich, dass auch das Foto, das Anlass zu dieser Herausforderung von höchster Dignität gab, ein Objekt kulturindustrieller Praxis wurde.* Es gibt kein Außen mehr: zumindest nicht zum Universum (wer das bis 1972 noch nicht ahnte, konnte es ab da spätestens wissen).

Sofern es auch unter dem Einfluss des messianischen Lichts nicht gut läuft, bleibt der Gedanke an Auswanderung auf andere Planeten, in andere Teile des Universums. Diese Auswanderung wird den heute lebenden Menschen voraussichtlich nicht mehr möglich sein, aber man kann ja schon mal anfangen, sich an die Reisebedingungen zu gewöhnen und all diejenigen freundlicher zu stimmen, die man bei dieser Expedition eventuell treffen könnte. Ins All reisen versuchsweise zunächst solche, die ein bisschen treu-doof und Menschen am ähnlichsten sind, Hunde

---

* »Das Foto erhielt das Label AS17-148-22726 und wurde den Hunderttausenden anderen Fotos im NASA Archiv hinzugefügt. Und dort wäre es auch verblieben, wenn die prominente Darstellung von Afrika und der Antarktis nicht perfekt für die Ziele von Umwelt- und Hungerhilfeorganisationen in den frühen 1980ern einsetzbar gewesen wäre. Bald tauchten Poster mit Aufschriften wie ›Sie ist die einzige Erde, die wir haben‹ auf. Das war alles, was nötig war, um eine Runde Monopoly anzustoßen. Wenn ab diesem Zeitpunkt jemand für irgendeinen Verwendungszweck ein Foto der Erde suchte, landete er zunächst automatisch bei AS17-148-22726. Fernsehen, Zeitungen, Webseiten, Mouse Pads und Werbematerial sind voll mit genau dieser einen Fotografie. Und dennoch bemerken erstaunlich wenige Leute, dass sie immer wieder das gleiche Bild vorgesetzt bekommen.« Neil Fraser, »The one, the only, photograph of Earth«,{www.neil.fraser.name/writing/earth}, letzter Zugriff 24.02.2021. Auszug übersetzt von Hanna Engelmeier.

und Affen. Mit Astronauten auf die Reise gehen all diejenigen, die klein und rund und gut sind, die Maus aus *Die Sendung mit der Maus* oder Snoopy.[59] Es ist eine schöne Idee, dem Universum zunächst die besten Errungenschaften der Menschheit anzubieten.

An Bord der Raumsonde Voyager 1, die am 5. September 1977 ins Universum geschossen wurde, befindet sich ein Datenträger namens *Golden Record*. Die vergoldete Kupferplatte, die mit Hinweisen dazu versehen ist, wie man sie mithilfe einer beigelegten Nadel auslesen kann, ist noch berühmter als Adorno.[60] Für den unwahrscheinlichen Fall, dass ausgerechnet diese Raumsonde, die mittlerweile in den interstellaren Raum eingetreten ist, auf intelligentes außerirdisches Leben trifft, soll sie darüber informieren, an welcher Stelle des Sonnensystems 1977 ein Team von Forschern eine Entscheidung darüber traf, welche Informationen über die Menschheit die absolut wichtigsten seien und dass man diese am besten in analog codierten Fotos und Soundschnipseln darbieten könnte. Die Germanistin Renate Born übermittelt »Herzliche Grüße an alle«, und mit Musikstücken unter anderem von Bach und Beethoven ist die deutsche Kultur wiederum stark überrepräsentiert. Wir haben alle keine Ahnung von den Außerirdischen. Sollten sie uns begegnen, haben sie aber vermutlich keine Form, sondern sind nur als Störung einer Zahlenreihe bemerkbar.** Die *Golden Record* ist ein auf 500 Millionen Jahre hin angelegtes Kanonprojekt (bis dahin

---

** »Für Astronomen vielleicht am leichtesten vorstellbar ist eine Variante, in der Außerirdische zunächst als Anomalie auftauchen, als eine Beobachtung, die sich mit natürlichen Szenarien irgendwann nicht mehr erklären lässt.« Aleks Scholz, »Warten auf die Außerirdischen«, in: *Merkur. Deutsche Zeitschrift für europäisches Denken*, 823 (2017), S. 46–56, hier: S. 54.

ist die Platte vermutlich verwendbar), an dem abzulesen ist, was Menschen einmal als zentrale Bestandteile ihres Lebens auf der Erde betrachtet haben. Die Dekodierung der Bedienungsanweisungen und der Informationen zur Herkunft der Platte ist auch dieser Tage bereits wenigstens herausfordernd.*

Zu den menschlichen Tätigkeiten, von denen die Außerirdischen im Fall einer erfolgreichen Verwendung der *Golden Record*

---

*Versuchen Sie es doch mal mit dieser fremdsprachigen Beschreibung: »These waveform representations of the picture signal recorded in the groove provide an explanation for how the images are to be constructed. Someone analyzing the signal on the record would be able to recognize the image portion by similar looking groups of waveforms, with each group preceded by the symmetrical waveform seen in the top left corner of this picture. Each of these groups would be further subdivided into 512 individual signals, the first three of which are shown here labeled in binary notation as 1, 10, and 11 (decimal 1, 2, and 3). Just below the waveform drawing is a conceptual drawing of what they represent, again labeled 1, 10, and 11. The conceptual drawing indicates that each of the three signals represents a ›line‹ of the final image with each line being drawn in a staggered, non-overlapping fashion. All 512 signals taken together constitute a single image. This staggered line image is the same way television images are drawn by the electron gun inside the CRT, except in the case of modern TV the lines are arranged horizontally and interlacing is used. There is also a binary number of 101101001100000000000000 under signal 1 which converts to 11,845,632 in decimal. Multiplying this by the constant of 7.04024183647E-10 seconds yields 0.0083396 seconds. So it takes about 8 milliseconds to draw one line of an image. It might be a considerable jump for someone to look at this one portion of the record cover and interpret what the image waveforms are supposed to be, but the two images below it provide further reinforcement of the desired interpretation«. {www.cedmagic.com/featured/voyager/voyager-record.html}, letzter Zugriff 24.02.2021.

erfahren werden, gehört der Verzehr von Eiscreme. Neben Fotos davon, wie Menschen geboren werden, wie sie an Sprints bei den Olympischen Spielen teilnehmen, im Stau stehen oder Röntgenbilder betrachten, wird auf einem Foto gezeigt, wie wir Nahrung aufnehmen. »Essen« wird hier in die Subgruppen lecken, beißen und trinken eingeteilt.

Eine junge Frau leckt an einem rosafarbenen Eis in einem dieser pappigen Hörnchen, die vielleicht adornitische Kegel sind, aber den Namen Hörnchen nicht verdienen, es ist keine schöne Waffel (dafür sind aber zwei Kugeln drin, wahrscheinlich Erdbeer). Ein Mann mit Stirnglatze beißt in einen Toast, und dass dadurch der Toast kleiner wird, zeigt sich an einem für die Betrachtenden gut sichtbaren Teil der Toastscheibe, die schon angebissen ist. Trinken führt ein bebrillter Mann in gestreiftem Hemd vor, der sich mit einer Glaskaraffe Wasser in den Mund gießt und zu diesem Zweck seinen Kopf weit in den Nacken gelegt hat. Es ist deutlich zu sehen, dass das Wasser wirklich direkt in den Schlund läuft. Das Copyright dieses Fotos, das auf der Webseite der NASA abzurufen ist, hält das National Astronomy and Ionosphere Center. Wer sind diese Leute? Warum Eiscreme, Toast, Wasser? Deren Aufnahme in den Körper verfügt zumindest auf dem Foto über eine größtmögliche Prägnanz in Sachen lecken, beißen, trinken. Das gilt allerdings nur dann, wenn man piktorale Symbole verarbeiten kann.

Auf einer vergoldeten Platte, die (Stand Frühjahr 2021) mehr als 22 Millionen Kilometer von der Erde entfernt durch den interstellaren Raum fliegt, ist also ein Bild kodiert, auf dem eine Frau ein Eis isst. Nicht ablesbar ist, was Eis dazu qualifiziert, in den Kanon dessen aufgenommen zu werden, was zum Menschen an sich gehört. Man sieht, dass es dem Körper mit der Zunge zugeführt wird. Man sieht nicht, dass es kalt ist und bei angegriffenem Zahnschmelz an den Zähnen einen Schmerz auslöst, der bis in den Kiefer zieht, man kann nicht erahnen, ob das Eis, das 1977 oder früher für dieses Foto verwendet wurde, einen hohen Butterfettanteil hat und ob es nach Erdbeeren schmeckte, und wenn ja, ob nach künstlichen oder echten. Falls dieses Bild jemals gefunden werden wird, gibt es eventuell keine Erdbeeren mehr auf der Erde, weil es keine Erde mehr gibt, das hieße allerdings auch, dass niemand diesen Umstand betrauern kann. Eventuell hat sich das menschliche Leben dann bereits verlagert. In einem der ersten Bücher, die ich als Geschenk erhielt, reist das Kind Hänschen begleitet von seinem in der Nacht lebendig gewordenen Stoffhund durch das Universum. Unter anderem landen sie auf einem Eiscremeplaneten, der die Form eines Desserttellers hat, dort stapfen sie durchs Sahneeis, das Hänschen mit beiden Händen in den Mund stopft. Beide nehmen die Füße hoch, denn sie sind barfuß unterwegs, »herrlich ist der Eisplanet / Auch wenn man im Kalten steht«.[61]

»Ich fühle luft von anderem planeten.« Adorno war an dem großen cis des Cellos gelegen, das in Schönbergs 2. Streichquartett »zur Endsilbe von ›Planeten‹« hinzutritt.[62] Die Vertonung der Verse aus dem Gedicht »Entrückung« (1907) von Stefan George, an dem ihm ebenfalls gelegen war, ist für ihn ein Beispiel der »Schönen Stellen«, die, wie im Fall von Bruckners VII. Symphonie, auf ihn wirken wie ein »rückschauende[r] Blick auf ferne Dörfer, der weiß, dort müsse das ganze Glück seine Stätte haben, auch wenn es nie dort ist, wenn man hingelangt«[63]. Ferne Dörfer und andere Planeten, Orte des Glücks. In einem Raum hinter vielen Türen ist dumpf der Klang eines Posthorns zu hören. (Möglich wär's).

Adorno gönnt sich diese Sentimentalität nur im Zusammenhang mit Musik, und am besten gelingt es ihm zu beschreiben, was sie ihm bedeutet, wenn er paraphrasiert und zitiert, wenn er Musik schreiben kann. Die Analyse eines ästhetischen Phänomens wird deckungsgleich mit ihrer höchst subjektiven Wirkung: »Ihren wahren Trost hat sie [die Musik Mahlers] an der Kraft, der absoluten Verlorenheit ins Auge zu sehen, die Erde zu lieben, wenn keine Hoffnung mehr ist.«[64] Die Rede vom allgemeinen Trost der Musik ersetzt die Thematisierung der persönlichen Trauer, die sie heilen soll, gerade noch vertretbar ist es, die Trauer anderer zu erwähnen, Schubert bietet sich immer wieder an* – zu beglückwünschen ist der, der auf diese Art für andere zu sprechen wagt: Herr Doktor, das ist schön für Sie. Das apodiktische Sprechen ist dabei ein Versteck in Sichtweite.

Von fern hergeholte Theorie ist für Adorno der vielleicht einzige Weg, unmittelbar zu einer persönlichen Erfahrung vorzudringen. Dankbar sind dabei zum Beispiel die vielen Vermittlungsstufen, die in der Rezension einer Anthologie über chinesische Musik eingebaut sind. So kommt er schließlich der Sache näher, ohne selbst für sie einstehen zu müssen: »Ihre Funktion [der Musik] heißt, gleich der tiefsten uns erreichbaren, Trost: ›die Musik sollte‹, nach dem Traktat des Wang Kuang Ki, ›das innere Leben ausgleichen, nicht etwa durch Gottesfurcht‹ – also die mythische Angst, die sie löst –, ›sondern durch die Hingabe an die tröstliche Wirkung der Töne‹.«[65]

Diese Hingabe ist ein hartes Brot, sie erfordert weniger weichherziges und assoziationsbereites Zuhören, kein

* »Wie schwer auch Schuberts Trauer zum Grunde ziehe; und möchte selbst der Wanderer ohne Hoffnung im Wasser der Geburt untergehen; unverrückbar steht Trost über dem Toten und bürgt dafür: Hoffnung bleibt, im verworfenen Zauberkreis der Natur sei sein Ort nicht für die Ewigkeit.« TWA, »Schubert«, GS 17, S. 31.

Lasset-die-Erinnerungen-zu-mir-Kommen, kein Posthorn hier und da, sondern Studium. Die von Adorno beschriebene Kuppel, unter deren höchstem Punkt sich beim Hören von Musik Trost einstellen könnte, kann seiner Meinung nach nur derjenige wirklich wahrnehmen, der sich mit ihrer gesamten Architektur gründlich auseinandergesetzt hat. Verstehen überhaupt bedeutet hier die Erkenntnis einer Struktur. Kein Trost ohne formale Reflexion: »Das tröstende Element der Musik, das Gefühl der Geborgenheit ging aus von ihrem umfangenden Gefüge, einer allumfassenden, integralen Architektur, bewirkt durch Formkonstruktion und thematische Arbeit, durch die Tuchfühlung aller Teile mit allen, die Verwandtschaft sämtlicher Elemente.«[66]

Anstelle eines Teddys sollte man lieber eine Partitur auf den Schoß nehmen,* um die »Tuchfühlung aller Elemente« zu erreichen, die es schließlich erlauben könnte, Trost zu finden. Partiturstudium ist immerhin Studium, Trost auf dieser Grundlage kommt aus der Schrift, kommt aus der Empirie, ist durch Material gedeckt, das auch andere zur Verfügung haben. Musikhören ist Partiturstudium ist Selbsthilfe. Musikhören ist Mitschreiben ist Übersetzung von Notation in Alphabet und in Trosttext.

---

* »Adornos scharfes Ohr für die Musik ist ganz offenkundig auf das scharfe Auge, auf das Partiturstudium angewiesen, oder doch auf das gleichsam lesende Wiederholungs-Hören; man könnte sagen, die Konzeption von Hören als Lektüre ist die Bedingung jeder musikologischen Analyse. Bei Adorno bleibt diese Konzeption allerdings unausgesprochen, und in seinen programmatischen Äußerungen zur Musik unterschlägt er sie gänzlich – etwa in der Charakteristik des musikalischen ›Experten‹ in der Musiksoziologie, der auch verwickeltste Kompositionen gleich beim ersten Hören ›spontan analysieren‹ können müsse.« Willer, »Fallen, Stellen, Örter, Lektüre«, S. 215.

Musik ist der Ort, an dem sich die Sprache einmal nicht ihrer Trostbedürftigkeit schämen muss. »Indem Musik aber den Trost anredet, will sie nicht sowohl ihn ausdrücken als selber trösten.«[67] Je großformatiger die Ansage und je universeller ihr Geltungsanspruch formuliert wird, umso persönlicher wird es: »In der Intention des Trostes berühren sich die großen Liedwerke der Musik.«[68] Herauszufinden wäre das nur über ein wiederholtes und vergleichendes Hören dieser Liedwerke, die als tröstlich zu interpretieren stillschweigend die Anerkennung jener wunden Stellen mit sich führt, die zu verarzten die Musik schließlich in der Lage sein soll. Niemand hat gesagt, dass das nicht sehr viel Arbeit sein würde.

Es wirkt von daher wie eine Selbstverletzung, dass genau dieses Verfahren als das Abgrasen von »Schönen Stellen« verpönt wird. Denn das atomistische Hören, das direktemang jene im gleichnamigen Aufsatz verpönten »Schönen Stellen« ansteuert, wird in Adornos Sicht höchstens einen Ersatztrost anbieten können, es verhält sich zum *real deal* so wie ein Würfelchen Schöller Eiskonfekt zu zwei Kugeln im Hörnchen. Aber was, wenn man Eiskonfekt mag? Jedes Würfelchen schmeckt genau gleich, die kakaohaltige Fettglasur ist in ihrer Erwartbarkeit wunderbar, beim Öffnen des Kartons beschlägt sie ein wenig. Ich kann das guten Gewissens wollen, als Trost, als Verfahren.

Adornos eigene Texte sind voller schöner Stellen, und angelegt hat er sie ebenfalls so, dass man sie sich zuführen kann wie Eiskonfekt, immer wieder. Die »Texte, so schwierig sie auch sein mögen, [öffnen] sich weniger durch analytische Tüftelei als durch ein eigentümliches Einrasten der Zustimmung. Plötzlich, mit einem bestimmten Stichwort oder einem vertrauten Stilmittel, kehrt die Empfindung des ›So ist es‹ in die taub gewordene Lektüre zurück«.[69] Theorie lesen, Philosophie aufsuchen wird in dieser Interpretation zur tröstlichen Gewissheit, nicht allein im Recht zu sein.

Als Adorno in den 1960er-Jahren schon wieder berühmt geworden war, dieses Mal für *Minima Moralia*, spielte dieser Punkt eine entscheidende Rolle. Es ist nicht schwierig, von heute aus diejenigen Leserbriefe an Adorno kurios zu finden, in denen mehr oder weniger unglückliche Leserinnen und Leser zu verstehen geben, dass sie sich in den düstersten Passagen seiner Lebenslehre aufgehoben fühlten.[70] Es ist schwierig, knapp sechzig Jahre später zu verstehen, dass eine Empfindung auslösen konnte, was Adorno selbst schon als einen Topos beschreibt. Es sei nämlich so, »daß Kultur eine menschenwürdige Gesellschaft vortäuscht, die nicht existiert; daß sie die materiellen Bedingungen verdeckt, auf denen alles Menschliche sich erhebt, und daß sie mit Trost und Beschwichtigung dazu dient, die schlechte ökonomische Bestimmtheit des Daseins am Leben zu erhalten«.[71]

Aber es war so, es ist so. Mit dem Bedürfnis nachzulesen, was schon lange als Kritik bekannt ist, wandten sich Leserinnen und Leser an Adorno. Eine Studentin, die ihm gegenüber offenbart hatte, dass ihre Verzweiflung nach dem Lesen von *Minima Moralia* so groß geworden sei, dass sie über Suizid nachdachte, lud Adorno zum Kaffeetrinken ein. Eine heilsame Erfahrung, kurze Zeit später schrieb sie ihm, für das Gespräch dankend, »daß ich wohl gar nicht Trost suchte, sondern Solidarität in der Trostlosigkeit«.[72]

Die Unterscheidung zwischen Trost und Solidarität ist für die Teile von Adornos Werk haltbar, in denen Trost als »zur Ideologie ›verblaßter‹ Individualismus« beschrieben wird.[73] Zu seinen Erfahrungen mit Musik passt all das überhaupt nicht. Trost darf vor allem in sozialer Interaktion nicht sein, weil er nur das Individuum mit seiner Lage versöhnt und damit Konflikte befriedet, die doch Ergebnisse einer gesellschaftlichen Konstellation sind, die zu kritisieren Aufgabe der Philosophie ist. Trost als Betäubung ist bei Adorno das Ziel von Kulturindustrie, die Produkte herstellt, die sich als Kunst ausgeben. Kunst jedoch sei »so wenig auf die generelle Formel des Trostes zu bringen wie auf die von dessen Gegenteil«.[74] Reicht es zu sagen, das Gegenteil von Trost sei die Trostlosigkeit? Eingespannt zwischen die Pole Betäubung (Trost) und Verzweiflung (Trostlosigkeit) liegt in Formulierungen wie dieser die Kunst, die unbestechlich durch beides ist.

Adorno hat sich das wohl selbst nicht geglaubt. Auf die Suche nach »Trost« bei Adorno ging ich nach der Lektüre der Einleitung der *Ästhetischen Theorie*, die gleich zu Beginn mit der Dialektik von Trauer und Trost auf eine Weise beginnt, dass es einem die Luft abschnürt. Die digitale Ausgabe der *Gesammelten Schriften* hat über 18 000 Seiten, die nach Trost zu filzen nur den Suchbefehl Strg+F benötigt. All die schönen Stellen zu lesen dauert eine Weile, beiläufig finden sich andere. In der ständigen Beschimpfung des Trostes wird er lauthals angerufen, im Beklagen seiner Abwesenheit oder sogar Unmöglichkeit erzeugt, in der Anerkennung seiner Gegenwart in der Musik rehabilitiert. Meine Auswahl der besten Troststellen war etwa vierundzwanzig Seiten lang, ungefähr so viel wie eine der ersten Versionen des Manuskripts dieses Kapitels. Eine strenge Shortlist war um Dreiviertel kürzer. Das ist relativ einfach nachzubauen, jede und jeder kann die *Gesammelten Schriften* nach Trost durchfleddern. Es wird selbstverständlich dabei herauskommen, dass ich die falschen Stellen genommen habe.

Wenn ich zu dir sage: Kannst du mir bitte ein Eis mitbringen, zwei Kugeln im Hörnchen, und wenn du mich dann fragst, welche Sorten ich möchte, und wenn ich dann sage: Such du aus, wäre es großer Zufall, wenn ich die gleichen Sorten wie du genommen hätte. (Es sei denn, in der Eisdiele gäbe es nur eine oder zwei Sorten Eis). Aber ich würde mich sehr darüber freuen zu sehen, welche Sorten du für mich für richtig befunden hättest, interessiert wäre ich an der Kombination, wenn auch beispielsweise überhaupt nicht einverstanden damit, Frucht- und Schokoladeneis in einer Portion zusammenzustellen. Mit Eiscreme ist es manchmal nicht so einfach. Strg+F. Hier, nimm.

Zum Schluss
Ein Dackel irrt sich

Neulich sah ich vor einem Spätkauf Ecke Bürkner- und Reuterstraße, wie ein Dackel die Nerven verlor. Er stand möglicherweise noch gar nicht so lange zum Warten angeleint da, aber augenscheinlich war nun der Moment gekommen, an dem das alles nicht mehr zum Aushalten war. Selten war ein so erbarmungswürdiges Winseln und Fiepen und so ein verzweifeltes Bellen zu hören wie von diesem Dackel, der mir noch ganz jung vorkam – aber vielleicht ist das auch ein Irrtum, nachträglich in die Erinnerung montiert, um seine Lage verständlicher zu machen. Ich beobachtete von der anderen Straßenseite, wie es nun mit seinem Ausnahmezustand weitergehen würde. Es dauerte gar nicht lang: Der Besitzer kam aus dem Kiosk, der Dackel sprang wie außer sich an ihm hoch und dann gingen sie weiter, als sei nichts gewesen.

Dieses Buch war schon in weiten Teilen geschrieben, als ich diese Szene sah, und abends notierte ich zufrieden, nun ein starkes Bild dafür gefunden zu haben, worum es bei Trost ganz eigentlich geht: den Moment, in dem das Winseln und Fiepen und Heulen aufhört. Mir schien diese Annahme gültig, obwohl ich keinen Ratgeber für Dackelbesitzerinnen und -besitzer geschrieben habe, und auch kein Buch über niedliche Tiere, wobei niedliche Tiere in einer enzyklopädischen Geschichte des Suchens und Findens und Spendens von Trost (also wiederum einem anderen Buch als dem, das ich geschrieben habe) ein eigenes Kapitel verdient hätten.

An der Szene mit dem Dackel interessierte mich der Umschlag von Verzweiflung in Ruhe, von Kummer in Seelenfrieden. Für den Dackel schien mir das einfach zu erreichen, genau in dem Moment, in dem seine Bezugsperson zurückkommt und er nicht mehr unter dem Eindruck steht, – wahrscheinlich für immer – verlassen worden zu sein. Vermutlich weiß er auch nicht, dass er sich mit aller Wahrscheinlichkeit schon später am Tag oder aber morgen in genau der gleichen Situation wiederfinden wird. Dafür ist es recht einfach, ihn jedes Mal aufs Neue schnell zu trösten, man muss nur wiederkommen. Der Dackel irrt sich zwar, dachte ich, wenn er annimmt, nun sei alles oder wenigstens irgendetwas gut, denn schließlich wird es ihm schon morgen oder aber an einem der kommenden Tage wieder genauso gehen wie im Moment seiner tiefsten Warteagonie. Aber immerhin. Immerhin geht er mit schlappenden Ohren nach Hause, tröstlich genug.

Aber natürlich irrte ich mich auch. So ein Dackel geht ja nicht rein freiwillig nach Hause, er wird nach Hause oder wohin auch immer geführt, auch wenn er selbst vielleicht ganz woanders hin möchte. Trost ist für den Dackel vermutlich auch kein Konzept. Das Ende der Misere des Dackels zeigt vor allem den Erfolg seines Verhaltens, das man ohne Weiteres auch als recht manipulativ beschreiben könnte: Heul leiser, du Hund, ich komm ja schon.

Der durchaus nicht einwandfreie Ruf von Trost liegt in dem Verdacht, er könne immer bloß manipulativ oder Ablenkungsmanöver sein, siehe: Trostpflaster. Das Betrachten eines Bagger-, Prinzessinnen- oder Dinosauriermotivs auf einem Pflaster ist eben bestenfalls eine zeitweilige Abschwächung eines Übels. Das Pflaster verschließt nicht die Wunde, das muss die Haut schon selbst schaffen. Aber die Motive an seiner Oberfläche erinnern an etwas Heiteres, an große Wünsche (mal Bagger fahren, Prinzessin werden, Triceratops erforschen); vor allem aber sind sie Zeichen des Versuchs, einen minimalen Schutz für eine kleinere Verletzung zu schaffen. Wem ist eigentlich damit geholfen? Dem

Kind, dessen Wunsch nach einem Pflaster erfüllt wird, oder vielleicht vor allem der Person, die ihm das Pflaster aufklebt und sich den Wunsch erfüllt, tröstlich zu sein?

Meine vorläufige Zufriedenheit, ein starkes Bild dafür gefunden zu haben, worum es bei Trost ganz eigentlich geht, wich bei näherer Betrachtung von Dackeln und Trostpflastern einer Unzufriedenheit mit dem Modell, Trost vor allem als eine reflexhafte Reaktion auf ein bestimmtes Set an beruhigenden Gesten zu verstehen. Das lag nicht allein daran, dass meine Ausgangsidee zusätzlich zu allem anderen auch noch damit belastet war, dass sie mit vermutlich fälschlichen Annahmen über Dackelseelen operierte. In diesem Modell schien Trost grundsätzlich etwas für Dackel zu sein, oder eben auch für Kinder. Ich operierte vor allem mit der Erinnerung an eigene vergangene Dackelhaftigkeit. Verbunden war diese Einsicht mit der Erkenntnis, dass in gegenwärtiger Dackelhaftigkeit diese Erinnerung wahrscheinlich der einzige Trost ist, der vollkommen ist: nicht angefressen von der Antizipation des nächsten Anlasses zum Heulen, nicht angefressen vom Wissen um den temporären Charakter eines jeden Pflasters.

Erwachsen zu sein bedeutet hingegen zu wissen, dass man sich weder in den Dackel verwandeln kann, dem nach Rückkehr seines Menschen schon wieder alles egal ist, noch dass die Dinge, die die kindliche Version der eigenen Person wirklich trösteten, denselben Trost wie damals spenden können. Das bedeutet nicht, dass Erwachsene untröstlich sind. Aber ihr Trost ist ein anderer, er hat sich vom Reflex zur Reflexion verschoben. Subtrahiert ist aus dieser Reflexion die Vorstellung von Trost als einem andauernden Heil, Trost ist auch nur ein Zustand unter anderen. Möglicherweise ein besserer als der, der ihm vorausging – zumindest das muss oft schon reichen. Addiert wird eine große Bandbreite an Dingen, aus denen Trost zu beziehen sein könnte.

Natürlich kann man andere Personen um Trost bitten, aber eigentlich kommt er als Spende. Es ist nicht unbedingt angenehm, sich als trostbedürftig zu zeigen, schließlich geht es dann darum, seinen Kummer einzugestehen, die Wunde zu zeigen, Schmerz zuzugeben, die eigene Hilflosigkeit anzuerkennen. Wendet man sich stattdessen an ein unbelebtes Objekt, das Trost verspricht – ein Stofftier, eine Decke, einen Holzklotz, eine Platine –, ist es viel einfacher. Es sind dann keine unerwarteten Antworten zu befürchten. Es muss nur die eigene Besetzung des jeweiligen Gegenstandes funktionieren.

Wer sich trostbedürftig an Literatur oder überhaupt nur an Texte wendet, findet einen Mittelweg zwischen der Ansprache einer anderen Person und dem Liebkosen eines Übergangsobjekts. Wer keine Zeit hat, regelmäßig mit einem Dackel rauszugehen oder sich um ein anderes *emotional support animal* zu kümmern, ist mit einem Büchereiausweis eventuell gut beraten. Texte und Bücher sind keine Trostpflaster, sie werden nie nur einem selbst verpasst, sondern sind dazu da, für alle nützlich zu sein, die sie brauchen, und zwar immer nur für eine gewisse Zeit, bis der nächste *fix* kommt.

In diesem Buch bin ich von einem *fix* zum nächsten gegangen. Gefunden habe ich dabei nicht den einen Moment, die eine Stelle, an der das Winseln und Fiepen und Heulen aufhört. Ich habe mich geirrt. Gefunden habe ich vielmehr den Wunsch danach, dass es diesen einen Moment, diese eine Stelle geben könnte: temporäre Dackelhaftigkeit. Gefunden habe ich die Enttäuschung darüber, dass es diesen Moment, diese Stelle nicht gibt. Gefunden habe ich Trost über diesen unerfüllten Wunsch in dem Zusammenfall von Schreiben, Hören, Beten, Lesen in einem Text. Es ist meiner gewesen, solange ich ihn geschrieben habe.

Anmerkungen

Keine große Sache

1 Kappus an Rilke, 27. Februar 1903, in: Rainer Maria Rilke, *Briefe an einen jungen Dichter. Mit den Briefen von Franz Xaver Kappus*, herausgegeben von Erich Unglaub, Göttingen 2019, S. 13 f.

2 Kappus an Rilke, 27. August 1904, in: ebd., S. 73.

3 Kappus an Rilke, 5. Januar 1909, in: ebd., S. 87.

4 Cheryl Strayed, *Tiny Beautiful Things. Advice on Love and Life from Dear Sugar*, New York 2012, Kindle Edition, Pos. 732.

5 Rilke, *Briefe an einen jungen Dichter*, S. 78.

6 Strayed, *Tiny Beautiful Things*, Pos. 774.

7 Rainer Maria Rilke, *Briefe an einen jungen Dichter*, mit einem Vorwort von Joachim W. Stork, Zürich 1997.

8 Erich Unglaub, »Briefe wechseln«, in: Rilke, *Briefe an einen jungen Dichter*, S. 113–145, hier: S. 133.

9 Konstantin Grosse, Friedrich Hashagen, *Die Alten Tröster: ein Wegweiser in der Erbauungslitteratur der evangelisch-lutherischen Kirche des 16. bis 18. Jahrhunderts*, Hermannsburg 1900, S. 2.

10 Franz Eybl, »Vom Verzehr des Textes. Thesen zur Performanz des Erbaulichen«, in: Andreas Solbach (Hg.): *Aedificatio. Erbauung im interkulturellen Kontext in der Frühen Neuzeit*, Berlin 2005, S. 95–112.

11 Grosse, Hashagen, *Die Alten Tröster*, S. 1.

12 Ebd.

13 Carlos Spoerhase, »Leitdifferenzen: Linie/Seite (um 1900); Seite/Blatt (um 2000)«, in: Ulrich Johannes Schneider (Hg.), *Textkünste. Buchrevolution um 1500*, Darmstadt 2016, S. 190–192.

14 Paul Valéry, »Œuvres de Boileau-Despréaux«, in: ders.: *Werke*, Bd. 6, herausgegeben von Jürgen Schmidt-Radefeldt, Frankfurt 1995, S. 471.

15 Rilke, *Briefe an einen jungen Dichter*, S. 72.

16 Strayed, *Tiny Beautiful Things*, Pos. 1104.

17 Strayed, *Tiny Beautiful Things*, Pos. 1133.

18 Rilke, *Briefe an einen jungen Dichter*, S. 83.

19 Ebd., S. 10.

20 Heinrich Müller, *D. Heinrich Müllers Geistliche Erquickstunden, oder Dreyhundert Haus- und Tisch-Andachten. Vor diesem eintzel in dreyen Theilen nacheinander herauß gegeben, itzo aber durch und durch wieder vermehret und in ein Wercklein, auff vielfältiges Begehren, zusammen getragen: Sampt angehengtem Register, auch Theologischen Bedencken von der Abgötterey der heutigen Maul-Christen und brüderlicher Bestraffung. Mit Churfl. Sächs. besondern Freyheit*, Franckfurt am Mayn / Drucks und Verlags Balthasar Christoph Wusts / Im Jahr 1669. Herzog August Bibliothek Wolfenbüttel [Th. 925.35], S. 242–246, zit. nach Polina Serkova, *Spielräume der Subjektivität. Studien zur Erbauungsliteratur von Heinrich Müller und Christian Scriver*, Duisburg 2013, S. 117.

21 Strayed, *Tiny Beautiful Things*, Pos. 780.

22 Unglaub, »Briefe wechseln«, S. 117.

23 Ebd.

24 Strayed, *Tiny Beautiful Things*, Pos. 699.

25 Ebd., Pos. 104.

26 Serkova, *Spielräume der Subjektivität*, S. 108.

27 Strayed, *Tiny Beautiful Things*, Pos. 690.

28 Der Blog wurde von der Plattform antville.org gehostet, die nicht mehr öffentlich zugänglich ist. Peter Praschl hat mir seinen Text von damals für dieses Buch zur Verfügung gestellt, wofür ich ihm danke.

29 Eybl, »Vom Verzehr des Textes«, S. 99.

30 Carl Wilson, *Let's Talk About Love. A Journey to the End of Taste*, New York 2011, S. 150. Auszug übersetzt von Hanna Engelmeier.

31 Strayed, *Tiny Beautiful Things*, Pos. 1381.

32 Rilke, *Briefe an einen jungen Dichter*, S. 16.

33 Unglaub, »Briefe wechseln«, S. 139 f.

34 Eybl, »Vom Verzehr des Textes«, S. 102.

35 Strayed, *Tiny Beautiful Things*, Pos. 1102.

36 Dudenverlag, *Duden Ratgeber. Briefe und E-Mails gut und richtig schreiben: Geschäftskorrespondenz und private Anschreiben verständlich und korrekt formulieren*, Mannheim 2012, S. 346.

37 Otto Friedrich Rammler, *Otto Friedrich Rammler's Universal-Briefsteller oder Musterbuch zur Abfassung aller in den allgemeinen und freundschaftlichen Lebensverhältnissen sowie im Geschäftsleben vorkommenden Briefe, Documente und Aufsätze: Ein Hand- u. Hülfsbuch für Personen jeden Standes. Nebst 3 Zugaben, enthaltend Deutsche Classiker (als praktisches Lehrbuch über die deutsche Sprache und insbesondere zum Declamiren), Stammbuchsaufsätze u. ein Fremdwörterbuch.* 18. Aufl. Herausgegeben von Dr. Wilhelm Hoffmann, Leipzig, 1848, S. 240. Den Hinweis auf Rammler verdanke ich dem noch unveröffentlichten Manuskript *Die Bewerbung. Zur Geschichte einer Kulturtechnik im langen neunzehnten Jahrhundert* von Timo Luks.

38 Wigand traute sich einiges zu, an seinem *Hausschatz* sind aber auch andere Autoren beteiligt, in dem auf die Sternenkunde folgenden Abschnitt über »Seifenfabrikation und Beleuchtung« zeichnet ein Rudolph Wagner als Autor.

39 Rammler, *Universal-Briefsteller* (1907), S. III.

40 Rammler, *Universal-Briefsteller*, S. 249.

41 Rilke, *Briefe an einen jungen Dichter*, S. 85.

42 Unglaub, »Briefe wechseln«, S. 136.

43 Teile des Newsletters sind nachzulesen unter {https://cherylstrayed.substack.com}, letzter Zugriff 17.02.2021.

44 {https://cherylstrayed.substack.com/p/old-books-and-new-sugar}, letzter Zugriff 17.02.2021.

Auf Abruf

1 D. T. Max, »The Unfinished«, 28.02.2009, {https://www.newyorker.com/magazine/2009/03/09/the-unfinished}, letzter Zugriff 04.04.2021.

2 {https://www.youtube.com/watch?v=G-gzgORX-fc}, letzter Zugriff 17.02.2021.

3 Das ist das Argument von Christiane Frohmann in »Bros & Bookishness & Bandana«.

4 Clare Hayes-Brady, *The Unspeakable Failures of David Foster Wallace: Language, Identity, and Resistance*, New York 2016, S. 30.

5 Rüdiger Zymner, »›Stimme(n)‹ als Text und Stimme(n) als Ereignis«, in: Andreas Blödorn u. a., *Stimme(n) im Text. Narratologische Positionsbestimmungen*, Berlin 2006, S. 321–348.

6 Karl-Heinz Göttert, »Wider den toten Buchstaben. Zur Problemgeschichte eines Topos«, in: Friedrich Kittler u. a. (Hg.), *Zwischen Rauschen und Offenbarung. Zur Kultur- und Mediengeschichte der Stimme*, Berlin 2008, S. 93–114, hier: S. 97.

7 D. T. Max, *Every Love Story is a Ghost Story. A Life of David Foster Wallace*, New York 2012, S. 284 ff.

8 Amy Hungerford, »On not reading«, 16. März 2016, {https://www.chronicle.com/article/on-not-reading}, letzter Aufruf 17.02.2021.

9 {https://www.youtube.com/watch?v=JqN52yKI4pg}, letzter Zugriff 18.02.2021.

10 Max, *Every Love Story is a Ghost Story*, S. 167 ff.

11 Wallace, Costello, *Signifying Rappers*, S. 47.

Alles muss man selber sagen

Teile dieses Kapitels sind bereits unter dem Titel »Ich komme nicht dahinter. Eileen Myles' Chelsea Girls« in *Sprache im technischen Zeitalter* Nr. 230, S. 171–184 erschienen.

1 Carl Heinz Ratschow u. a., »Gebet«, in: Horst Robert Balz (Hg.), *Theologische Realenzyklopädie*, Band 12, Berlin 1984, S. 31–103, hier: S. 32.

2 Eileen Myles, *Chelsea Girls*, London 2016, S. 25.

3 Eileen Myles, *Inferno. A Poet's Novel*, New York 2010, S. 109.

4 Hannah Arendt, »Remembering W. H. Auden«, in: *The New Yorker*, 13. Januar 1975, {https://www.newyorker.com/magazine/1975/01/20/remembering-wystan-h-auden-who-died-in-the-night-of-the-twenty-eighth-of-september-1973}, letzter Aufruf am 18.02.2021.

5 Myles, *Chelsea Girls*, S. 218.

6 Myles, *Inferno*, S. 29.

7 Myles, *Chelsea Girls*, S. 217.

8 Jan Wilm, »Photograph of a Moment. A Conversation with Eileen Myles«, in: *Los Angeles Review of Books*, Nr. 27, S. 131–139.

9 Myles, *Chelsea Girls*, S. 26.

10 Eileen Myles, »The Lady Who Appears to be a Gentleman«, Juni 2019, {https://harpers.org/archive/2019/06/stonewall-at-fifty}, letzter Aufruf am 26.01.2021.

11 Georges Duby, Andrée Duby, *Die Prozesse der Jeanne d'Arc vorgestellt von Georges und Andrée Duby*, übersetzt von Eva Moldenhauer, Berlin 1999, S. 83.

12 Ebd., S. 110.

13 Ebd., S. 35.

14 Eileen Myles, *Afterglow (a dog memoir)*, New York 2017, S. 13.

15 Myles, *Chelsea Girls*, S. 25.

16 Hungerford, *Postmodern Belief*, S. 16.

17 Myles, *Chelsea Girls*, S. xi.

18 Duby, *Die Prozesse der Jeanne d'Arc*, S. 23.

19 Ratschow u. a., »Gebet«, S. 89.

20 Emmanuel Carrère, *Das Reich Gottes*, übersetzt von Claudia Hamm, Berlin 2016, S. 507.

21 Ebd., S. 497.

22 Ebd., S. 506.

23 Myles, *Chelsea Girls*, S. 25.

24 Marit Mac Arthur: »Monotony, the Churches of Poetry Reading and Sound Studies«, in: *PMLA* 131, Nr. 1, 2018, S. 38–63.

25 Duby, *Die Prozesse der Jeanne d'Arc*, S. 86.

26 Mario Perniola, *Vom katholischen Fühlen. Die kulturelle Form einer universellen Religion*, übersetzt von Sabine Schneider, Berlin 2017, S. 19.

27 Perniola, *Vom katholischen Fühlen*, S. 22.

28 Ebd., S. 24.

29 Myles, *Chelsea Girls*, S. xiii.

30 Myles, *Chelsea Girls*, S. xii.

31 Myles, *Chelsea Girls*, S. 26.

32 Myles, *Chelsea Girls*, S. 140.

33 Myles, *Chelsea Girls*, S. 202.

34 Eileen Myles, *For Now. The Windham-Campbell Lecture*, New Haven 2020, S. 17.

35 Jeanne Favret-Saada, *Die Wörter, der Zauber, der Tod. Der Hexenglaube im Hainland von Westfrankreich*, Frankfurt/M. 1979, S. 95.

36 Ebd., S. 11.

37 Duby, *Die Prozesse der Jeanne d'Arc*, S. 41.

Zwei Kugeln im Hörnchen

1 Theodor W. Adorno, *Aspekte des neuen Rechtsradikalismus*, Berlin 2019, S. 17 f.

2 »Das Wort ›Linksintellektueller‹ gehört ja auch zu diesen Schreckworten.« Ebd., S. 32.

3 Reichsgesetzblatt 1933, {https://upload.wikimedia.org/wikipedia/commons/6/61/Deutsches_Reichsgesetzblatt_33T1_083_0510.jpg}, letzter Aufruf 24.02.2021.

4 »Vorwort«, in: *Vorträge gehalten anläßlich der Hessischen Hochschulwochen für staatswissenschaftliche Fortbildung*, 29. Juni bis 9. Juli 1958, 23. Band, Bad Homburg 1959, o. S.

5 Davon spricht er immer wieder, s. bspw. TWA, *Wissenschaftliche Erfahrungen in Amerika*, GS 10.2, S. 734.

6 Theodor W. Adorno, »Kultur und Culture«, in: *Vorträge gehalten anläßlich der Hessischen Hochschulwochen für staatswissenschaftliche Fortbildung*, S. 246–259, hier: S. 246. Die Auseinandersetzung mit diesem Text geht auf eine Empfehlung von Rembert Hüser zurück. Dieser Hinweis war nur einer von sehr vielen, die er mir im Zusammenhang mit diesem Buch gegeben hat, das ohne ihn ein schlechteres geworden wäre. Rembert gebührt mein größter Dank.

7 Jens-Christian Rabe, »Keep smiling. Zur Dialektik der Adorno-Culture«, in: *Zeitschrift für Ideengeschichte*, XIII/1 (2019), S. 43–53.

8 Adorno, »Kultur und Culture«, S. 251.

9 Ebd., S. 253.

10 Ebd., S. 250.

11 Ebd., S. 250.

12 Laura B. Weiss, *Ice Cream. A Global History*, London 2011, S. 93.

13 Jeri Quinzio, *Of Sugar and Snow. A History of Ice Cream Making*, Berkeley 2009, S. 182.

14 Ebd., S. 183.

15 Ebd., S. 193.

16 TWA, *Dialektik der Aufklärung*, GS 3, S. 167.

17 Alfred Schmidt, »Wir wollen hier nicht so drauflos philosophieren«, in: Wolfram Schütte (Hg.), *Adorno in Frankfurt. Ein Kaleidoskop mit Texten und Bildern*, Frankfurt/M. 2003, S. 222.

18 TWA, *Ästhetische Theorie*, GS 7, S. 182.

19 TWA, »Chimäre«, GS 13, S. 145.

20 Schmidt, »Wir wollen hier nicht so drauflos philosophieren«, S. 221.

21 Anne Overbeck, Dietmar Osses (Hg.), *Eiskalte Leidenschaft. Italienische Eismacher im Ruhrgebiet*, Essen 2009, S. 31.

22 Quinzio, *Of Ice and Snow*, S. 177.

23 Exponat 98, Eisdielen-Gardine, Dortmund 1960er-Jahre, in: Overbeck/Osses, *Eiskalte Leidenschaft*, S. 107.

24 Zit. n. Overbeck/Osses, *Eiskalte Leidenschaft*, S. 104.

25 Möhring, *Fremdes Essen*, S. 238.

26 Martin Mittelmeier, *Adorno in Neapel. Wie sich eine Sehnsuchtslandschaft in Philosophie verwandelt*, München 2013. Zit. n. Kindle-Ausgabe, Pos. 4757.

27 TWA, *Negative Dialektik*, GS 6, S. 462.

28 Diese Einigung steht stellvertretend für eine unentschiedene Frage der Eiscremeforschung ein. Quinzio, *Of Ice and Snow*, S. 159, Weiss, *Ice Cream*, S. 76 f.

29 Quinzio, *Of Ice and Snow*, S. 156.

30 Christoph Gödde, Henri Lonitz (Hg.), *Theodor W. Adorno – Briefe und Briefwechsel*, Bd. 5: *Briefe an die Eltern: 1939–1951*, Frankfurt/M. 2003, S. 358.

31 Gödde/Lönitz, *Briefe an die Eltern*, S. 71.

32 Der Brief ist dokumentiert in Schütte, *Adorno in Frankfurt*, S. 290.

33 TWA, »Stilgeschichte in Schönbergs Werk«, GS 18, S. 390.

34 Siehe Philipp Felsch, *Der lange Sommer der Theorie*, München 2015, oder neuerdings Axel Schildt, *Medien-Intellektuelle in der Bundesrepublik*, herausgegeben von Gabriele Kandzora und Detlef Siegfried, Göttingen 2020.

35 Theodor W. Adorno, *Traumprotokolle*, herausgegeben von Christoph Gödde und Henri Lonitz, Berlin 2018, S. 70.

36 TWA, »Erinnerung«, GS 13, S. 367.

37 Gödde/Lönitz, *Briefe an die Eltern*, S. 90.

38 TWA, *Kierkegaard*, GS 2, S. 189.

39 TWA, *Minima Moralia*, GS 4, S. 74.

40 Ina Hartwig, »Arlette und ihr Adorno. Die Geliebte und der Philosoph. Eine alte Geschichte, neu erzählt«, 4. Oktober 2012, {www.zeit.de/2012/41/Philosoph-Adorno-und-Geliebte-Arlette}, letzter Aufruf 24.02.2021.

41 TWA, »Versuch, das Endspiel zu verstehen«, GS 11, S. 311; TWA, »Dialektische Epilegomena«, GS 10.2, S. 769.

42 Rainer Baginski, »Begegnung im Palmengarten«, in: Schütte, *Adorno in Frankfurt*, S. 291.

43 Theodor W. Adorno, »Zum Studium der Philosophie«, in: Schütte, *Adorno in Frankfurt*, S. 226–231, hier: S. 228.

44 Ina Hartwig, »Arlette und ihr Adorno«.

45 Adorno, *Traumprotokolle*, S. 85.

46 Adorno, *Traumprotokolle*, S. 73.

47 Nachwort von Jan Philipp Reemtsma zu den *Traumprotokollen*, S. 99–100.

48 TWA, »Elemente des Antisemitismus«, GS 3, S. 208.

49 TWA, *Minima Moralia*, GS 4, S. 255.

50 Ebd.

51 TWA, *Negative Dialektik. Jargon der Eigentlichkeit*, GS 6, S. 358 f.

52 Ebd.

53 TWA, *Minima Moralia*, GS 4, S. 26.

54 TWA, *Minima Moralia*, GS 4, S. 121.

55 TWA, *Minima Moralia*, GS 4, S. 189.

56 TWA, *Minima Moralia*, GS 4, S. 283.

57 Ebd.

58 Hier und im Folgenden: {https://earthobservatory.nasa.gov/features/BlueMarble/BlueMarble_history.php}, letzter Aufruf 24.02.2021.

59 {www.wdrmaus.de/extras/mausthemen/weltall/index.php5}, {www.twitter.com/BoeingSpace/status/1207977620295606273?s=20}, letzter Zugriff 14.02.2021.

60 Jonathan Scott, *The Vinyl Frontier. The Story of the Voyager Golden Record*, London 2019.

61 Barbro Lindgren-Enskog, *Das wilde Hänschen und sein Hund*, Bilder von Eva Erikssson, in deutsche Verse gebracht von James Krüss, Hamburg 1986.

62 TWA, »Schöne Stellen«, GS 18, S. 718.

63 Ebd., S. 714.

64 TWA, »Vergegenwärtigungen«, GS 16, S. 337.

65 TWA, »Chinesische Musik. Herausgegeben von Richard Wilhelm. Frankfurt a. M.: China-Institut [1929]«, GS 19, S. 344.

66 TWA, »Zum Verständnis Schönbergs«, GS 18, S. 441.

67 TWA, »Ton«, GS 13, S. 178.

68 TWA, »Musikalische Aphorismen«, GS 18, S. 18.

69 Andreas Bernard über »Umtausch nicht gestattet«, in: Ders., Ulrich Raulff (Hg.), *Minima Moralia neu gelesen*, Frankfurt/M. 2003, S. 15–19, hier: S. 17.

70 Philipp Felsch, Martin Mittelmeier, »›Ich war ehrlich überrascht und erschrocken, wie umfangreich Sie geantwortet haben.‹ Theodor W. Adorno korrespondiert mit seinen Lesern«, in: *Kultur & Gespenster*, 13 (2012), S. 159–199.

71 TWA, *Minima Moralia*, GS 4, S. 48.

72 Zit. n. Felsch, *Der lange Sommer der Theorie*, S. 42.

73 TWA, *Soziologische Schriften I*, GS 8, S. 161.

74 TWA, *Ästhetische Theorie*, GS 7, S. 11.

Literatur

Theodor W. Adorno, »Zum Studium der Philosophie«, in: Wolfram Schütte (Hg.), *Adorno in Frankfurt. Ein Kaleidoskop mit Texten und Bildern*, Frankfurt/M. 2003, S. 226–231.

Ders., *Traumprotokolle*, herausgegeben von Christoph Gödde und Henri Lonitz, Berlin 2018.

Ders., *Aspekte des neuen Rechtsradikalismus*, Berlin 2019.

Ders., »Kultur und Culture«, in: *Vorträge gehalten anläßlich der Hessischen Hochschulwochen für staatswissenschaftliche Fortbildung*, 29. Juni bis 9. Juli 1958, 23. Band, Bad Homburg 1959, S. 246–259.

Hannah Arendt, »Remembering W. H. Auden«, in: *The New Yorker*, 13. Januar 1975, {https://www.newyorker.com/magazine/1975/01/20/remembering-wystan-h-auden-who-died-in-the-night-of-the-twenty-eighth-of-september-1973}*.

Rainer Baginski, »Begegnung im Palmengarten«, in: Wolfram Schütte (Hg.), *Adorno in Frankfurt. Ein Kaleidoskop mit Texten und Bildern*, Frankfurt/M. 2003, S. 291.

Matthias Bardong u. a., *Das Lexikon des deutschen Schlagers: Geschichte, Titel, Interpreten, Komponisten, Texter.* 2., erw. überarb. Aufl. Mainz 1993.

Andreas Bernard, Ulrich Raulff (Hg.), *Minima Moralia neu gelesen*, Frankfurt/M. 2003.

Horst Bredekamp, »Blue Marble. Der blaue Planet«, in: Christoph Markschies u. a. (Hg.), *Atlas der Weltbilder*, Berlin 2011, S. 366–375.

Michael Bull, »No Dead Air! The iPod and the Culture of Mobile Listening«, in: *Leisure Studies* 24, Nr. 4 (2005), S. 343–355.

Judith Butler, *Körper von Gewicht. Die diskursiven Grenzen des Geschlechts*, übersetzt von Karin Wördemann, Frankfurt/M. [9]2017.

*Alle Links, sofern nicht anders angegeben, letzter Zugriff 31.03.2021.

Maria Bustillos, »Inside David Foster Wallace's Private Self-Help Library«, 5. April 2011, {www.theawl.com/2011/04/inside-david-foster-wallaces-private-self-help-library}.

Emmanuel Carrère, *Limonow*, übersetzt von Claudia Hamm, Berlin 2012.

Ders., *Das Reich Gottes*, übersetzt von Claudia Hamm, Berlin 2016.

Ders., *Der Widersacher*, übersetzt von Claudia Hamm, Berlin 2018.

Raymond Carver, »Eine kleine, gute Sache«, in: ders., *Kathedrale*, übersetzt von Helmut Frielinghaus, Berlin 2001.

Joseph Conte (Hg.), »Dictionary of Literary Biography 169: American Poets Since World War II«, {http://www.acsu.buffalo.edu/~jconte/James_Schuyler_DLB.htm}.

Georges Duby, Andrée Duby, *Die Prozesse der Jeanne d'Arc vorgestellt von Georges und Andrée Duby*, übersetzt von Eva Moldenhauer, Berlin 1999.

Dudenverlag, *Duden Ratgeber. Briefe und E-Mails gut und richtig schreiben: Geschäftskorrespondenz und private Anschreiben verständlich und korrekt formulieren*, Mannheim 2012.

Franz Eybl, »Vom Verzehr des Textes. Thesen zur Performanz des Erbaulichen«, in: Andreas Solbach (Hg.): *Aedificatio. Erbauung im interkulturellen Kontext in der Frühen Neuzeit*, Berlin 2005, S. 95–112.

Jeanne Favret-Saada, *Die Wörter, der Zauber, der Tod. Der Hexenglaube im Hainland von Westfrankreich*, Frankfurt/M. 1979.

Leslie Feinberg, *Transgender Warriors. Making History from Joan of Arc to RuPaul*, Boston 1996.

Philipp Felsch, Martin Mittelmeier, »›Ich war ehrlich überrascht und erschrocken, wie umfangreich Sie geantwortet haben.‹ Theodor W. Adorno korrespondiert mit seinen Lesern«, in: *Kultur & Gespenster*, 13 (2012), S. 159–199.

Philipp Felsch, *Der lange Sommer der Theorie*, München 2015.

Ed Finn, »Becoming Yourself. The Afterlife of Reception«, 15. September 2011, S. 2, {https://litlab.stanford.edu/LiteraryLabPamphlet3.pdf}.

Jonathan Franzen, »Informal Remarks from the David Foster Wallace Memorial Service in New York on October 23, 2008«, in: Samuel Cohen, Lee Kanstantinou (Hg.), *The Legacy of David Foster Wallace*, Iowa City 2012, S. 177–181.

Neil Fraser, »The one, the only, photograph of Earth«, {www.neil.fraser.name/writing/earth}.

Alexander Friedrich, Stefan Höhne, »Regimes of Freshness: Biopolitics in the Age of Cryogenic Culture«, in: *Medicine Anthropology Theory*, 3 (2016), {https://doi.org/10.17157/mat.3.3.457}.

Christiane Frohmann, »Bros & Bookishness & Bandana: Anlässlich des zehnten Todestages von David Foster Wallace«, 12. September 2018, {www.orbanism.com/frohmann/fraufrohmann/2018/bros-bookishness-bandana-anlaesslich-des-zehnten-todestages-von-david-foster-wallace}.

Christoph Gödde, Henri Lonitz (Hg.), *Theodor W. Adorno – Briefe und Briefwechsel*, Bd. 5: *Briefe an die Eltern: 1939–1951*, Frankfurt/M. 2003.

Karl-Heinz Göttert, »Wider den toten Buchstaben. Zur Problemgeschichte eines Topos«, in: Friedrich Kittler u. a. (Hg.), *Zwischen Rauschen und Offenbarung. Zur Kultur- und Mediengeschichte der Stimme*, Berlin 2008, S. 93–114.

Mark Greif, *Rappen lernen*, übersetzt von Kevin Vennemann, Berlin 2012, S. 9.

Pola Groß, *Adornos Lächeln: Das »Glück am Ästhetischen« in seinen literatur- und kulturtheoretischen Essays. Adornos Lächeln*. Berlin 2020.

Konstantin Grosse, Friedrich Hashagen, *Die Alten Tröster: ein Wegweiser in der Erbauungslitteratur der evangelisch-lutherischen Kirche des 16. bis 18. Jahrhunderts*, Hermannsburg 1900.

Tobias Haberl, »Der Sinn des Lebens ist zu leben«, Interview mit Agnes Heller, 29. Januar 2014, in: *Süddeutsche Zeitung Magazin*, {https://sz-magazin.sueddeutsche.de/literatur/der-sinn-des-lebens-ist-zu-leben-80204}.

Lutz Hagestedt, »Der Gedanke vom Kind als dem Vater des Menschen. Rainer Baginski erzählt ›Das drittletzte Kind‹«, {https://literaturkritik.de/id/5535}.

Ina Hartwig, »Arlette und ihr Adorno. Die Geliebte und der Philosoph. Eine alte Geschichte, neu erzählt«, in: *DIE ZEIT*, 4. Oktober 2012, {www.zeit.de/2012/41/Philosoph-Adorno-und-Geliebte-Arlette}.

Clare Hayes-Brady, *The Unspeakable Failures of David Foster Wallace: Language, Identity, and Resistance*, New York 2016.

Shūhei Hosokawa, *Der Walkman-Effekt*, Berlin 1987.

Amy Hungerford, *Postmodern Belief: American Literature and Religion since 1960*, Princeton 2010.

Dies., »On not reading«, 16. März 2016, {https://www.chronicle.com/article/on-not-reading}.

Rachel Hurn, »Marks on Paper: Eileen Myles's Chelsea Girls«, 14. März 2013, {www.theparisreview.org/blog/2013/03/14/marks-on-paper-eileen-myles-chelsea-girls}.

Ira E. Hyman u. a., »Going Gaga: Investigating, Creating, and Manipulating the Song Stuck in My Head«, in: *Applied Cognitive Psychology* 27, Nr. 2 (2013), S. 204–215.

Paul Ingendaay, »American Stalker«, in: *Frankfurter Allgemeine Sonntagszeitung*, 7. Oktober 2019, Nr. 40, S. 48.

Alfons Kaiser, »Eis lebt von der Einfachheit«, 24. Juli 2015, {https://www.faz.net/aktuell/stil/essen-trinken/spaghetti-eis-erfinder-dario-fontanella-im-interview-13717578.html}.

Richard Klein u. a. (Hg.), *Adorno-Handbuch. Leben – Werk – Wirkung*, Stuttgart ²2019.

Lutz Koepnick, »Reading on the Move«, in: *PMLA* 128, Nr. 1 (2013), S. 232–237.

Susanne Köbele, »aedificatio. Erbauungssemantiken und Erbauungsästhetiken im Mittelalter. Versuch einer historischen Modellbildung«, in: dies., Claudio Notz (Hg.), *Die Versuchung der schönen Form. Spannungen in »Erbauungs«-Konzepten des Mittelalters*, Göttingen 2019, S. 9–37.

Helmut Lethen, *Auf der Suche nach dem Handorakel*, Göttingen 2012.

Barbro Lindgren-Enskog, *Das wilde Hänschen und sein Hund*, Bilder von Eva Erikssson, in deutsche Verse gebracht von James Krüss, Hamburg 1986.

Marit MacArthur: »Monotony, the Churches of Poetry Reading and Sound Studies«, in: *PMLA* 131, Nr. 1 (2018), S. 38–63.

D. T. Max, »The Unfinished«, 28.02.2009, {https://www.newyorker.com/magazine/2009/03/09/the-unfinished}.

Ders., *Every Love Story is a Ghost Story. A Life of David Foster Wallace*, New York 2012.

Bettine Menke, »Die Rhetorik der Stimme«, in: Friedrich Kittler u. a. (Hg.), *Zwischen Rauschen und Offenbarung. Zur Kultur- und Mediengeschichte der Stimme*, Berlin 2008, S. 115–132.

Christian Meurer, »Gesetz der Tiefe, Sauerkohl. Aus dem Leben von Rilkes ›jungem Dichter‹«, in: *Titanic*, März 2005, S. 58–62.

Reinhart Meyer-Kalkus, *Stimme und Sprechkünste im 20. Jahrhundert*, Berlin 2001.

Ders., »Vorlesbarkeit – zur Lautstilistik narrativer Texte«, in: Andreas Blödorn u. a. (Hg.), *Stimme(n) im Text. Narratologische Positionsbestimmungen*, Berlin 2006, S. 349–382.

Martin Mittelmeier, *Adorno in Neapel. Wie sich eine Sehnsuchtslandschaft in Philosophie verwandelt*, München 2013.

Maren Möhring, *Fremdes Essen. Die Geschichte der ausländischen Gastronomie in der Bundesrepublik Deutschland*, Berlin 2012.

Eileen Myles, *Inferno. A Poet's Novel*, New York 2010.

Eileen Myles, *Chelsea Girls*, London 2016.

Eileen Myles, »Body Politic«, April 2016, {https://harpers.org/archive/2016/04/body-politic-3}.

Eileen Myles, *Afterglow (a dog memoir)*, New York 2017.

Eileen Myles, »The Lady Who Appears to be a Gentleman«, Juni 2019, {https://harpers.org/archive/2019/06/stonewall-at-fifty}.

Eileen Myles, *For Now. The Windham-Campbell Lecture*, New Haven 2020.

Sianne Ngai, *Our Aesthetic Categories: Zany, Cute, Interesting*, Cambridge 2015.

Shoshana Olidort, »Trump Is a Performance Artist: An Interview with Eileen Myles«, in: *Paris Review*, {https://www.theparisreview.org/blog/2018/09/05/trump-is-a-performance-artist-an-interview-with-eileen-myles}.

Ernst Osterkamp, »Drei Punkte. Capriccio über ein Ärgernis«, in: Alexander Nebrig, Carlos Spoerhase (Hg.), *Die Poesie der Zeichensetzung. Studien zur Stilistik der Interpunktion*, Bern 2012, S. 239–258.

Anne Overbeck, Dietmar Osses (Hg.), *Eiskalte Leidenschaft. Italienische Eismacher im Ruhrgebiet*, Essen 2009.

Mario Perniola, *Vom katholischen Fühlen. Die kulturelle Form einer universellen Religion*, übersetzt von Sabine Schneider, Berlin 2017.

Erich Pfeiffer-Belli, »Frankfurt um 1900 und danach«, in: Wolfram Schütte (Hg.), *Adorno in Frankfurt. Ein Kaleidoskop mit Texten und Bildern*, Frankfurt/M. 2003, S. 21–29.

Jeri Quinzio, *Of Sugar and Snow. A History of Ice Cream Making*, Berkeley 2009.

Jens-Christian Rabe, »Keep smiling. Zur Dialektik der Adorno-Culture«, in: *Zeitschrift für Ideengeschichte*, XIII/1 (2019), S. 43–53.

Otto Friedrich Rammler, *Otto Friedrich Rammler's Universal-Briefsteller oder Musterbuch zur Abfassung aller in den allgemeinen und freundschaftlichen Lebensverhältnissen sowie im Geschäftsleben vorkommenden Briefe, Documente und Aufsätze: Ein Hand- u. Hülfsbuch für Personen jeden Standes. Nebst 3 Zugaben, enthaltend Deutsche Classiker (als praktisches Lehrbuch über die deutsche Sprache und insbesondere zum Declamiren), Stammbuchsaufsätze u. ein Fremdwörterbuch.* 18. Aufl. Herausgegeben von Dr. Wilhelm Hoffmann, Leipzig, 1848.

Carl Heinz Ratschow u. a., »Gebet«, in: Horst Robert Balz (Hg.), *Theologische Realenzyklopädie*, Band 12, Berlin 1984, S. 31–103.

Rainer Maria Rilke, *Briefe an einen jungen Dichter*, mit einem Vorwort von Joachim W. Stork, Zürich 1997.

Ders., *Briefe an einen jungen Dichter. Mit den Briefen von Franz Xaver Kappus*, herausgegeben von Erich Unglaub, Göttingen 2019.

Axel Schildt, *Medien-Intellektuelle in der Bundesrepublik*, herausgegeben von Gabriele Kandzora und Detlef Siegfried, Göttingen 2020.

Alfred Schmidt, »Wir wollen hier nicht so drauflos philosophieren«, in: Wolfram Schütte (Hg.), *Adorno in Frankfurt. Ein Kaleidoskop mit Texten und Bildern*, Frankfurt/M. 2003, S. 222.

Aleks Scholz, »Warten auf die Außerirdischen«, in: *Merkur. Deutsche Zeitschrift für europäisches Denken*, 823 (2017), S. 46–56.

Jonathan Scott, *The Vinyl Frontier. The Story of the Voyager Golden Record*, London 2019.

Polina Serkova, *Spielräume der Subjektivität. Studien zur Erbauungsliteratur von Heinrich Müller und Christian Scriver*, Duisburg 2013.

Carlos Spoerhase (Hg.), *Die Poesie der Zeichensetzung. Studien zur Stilistik der Interpunktion*, Bern 2012, S. 239–258.

Ders., »Leitdifferenzen: Linie/Seite (um 1900); Seite/Blatt (um 2000)«, in: Ulrich Johannes Schneider (Hg.), *Textkünste. Buchrevolution um 1500*, Darmstadt 2016, S. 190–192.

Cheryl Strayed, *Tiny Beautiful Things. Advice on Love and Life from Dear Sugar*, New York 2012, Kindle Edition.

Dies., *Der große Trip zu dir selbst. Ungeschminkter Rat für die Liebe, das Leben und andere Katastrophen*, übersetzt von Maria Zettner, München 2016.

Patricia Ann Meyer Spacks, *On Rereading*, Cambridge/Mass. 2011.

Zoe Tambling, »The Rumpus Interview with Eileen Myles«, 24. Februar 2017,{https://therumpus.net/2017/02/the-rumpus-interview-with-eileen-myles-3}.

Mark Twain, *Meine geheime Autobiographie*, herausgegeben von Harriet Elinor Smith, übersetzt von Hans-Christian Oeser, Berlin 2013.

Rolf Tiedemannn (Hg.), *Theodor W. Adorno: Gesammelte Schriften*, Digitale Bibliothek 97, Berlin 2003.

Erich Unglaub, »Briefe wechseln«, in: *Briefe an einen jungen Dichter. Mit den Briefen von Franz Xaver Kappus*, herausgegeben von Erich Unglaub, Göttingen 2019, S. 113–145.

Paul Valéry, »Œuvres de Boileau-Despréaux«, in: ders.: *Werke*, Bd. 6, herausgegeben von Jürgen Schmidt-Radefeldt, Frankfurt 1995, S. 471.

David Foster Wallace, *Kurze Interviews mit fiesen Männern*, übersetzt von Marcus Ingendaay, Clara Drechsler, Bernhard Robben und Christa Schuenke, Reinbek bei Hamburg [8]2004.

Ders., *Der Besen im System*, übersetzt von Marcus Ingendaay, Reinbek [5]2006.

Ders., *Infinite Jest*, New York 2006.

Ders., *Schrecklich amüsant – aber in Zukunft ohne mich*, übersetzt von Marcus Ingendaay, München [8]2006.

Ders., *This Is Water: Some Thoughts, Delivered on a Significant Occasion, about Living a Compassionate Life*, New York 2009.

Ders., Mark Costello, *Signifying Rappers: warum Rap, den Sie hassen, nicht Ihren Vorstellungen entspricht, sondern scheißinteressant ist und wenn anstößig, dann bei dem, was heute so abgeht, von nützlicher Anstößigkeit*, übersetzt von Ulrich Blumenbach und Maria Hummitzsch, Köln 2014.

Nikolaus Wegmann, »Der Originalton. Eine Medienerzählung«, in: ders. u. a. (Hg.), *Original/Ton. Zur Mediengeschichte des O-Tons*, Konstanz 2007, S. 15–24.

Laura B. Weiss, *Ice Cream. A Global History*, London 2011.
Stefan Willer, »Fallen, Stellen, Örter, Lektüre«, in: Robert Stockhammer (Hg.), *TopoGraphien der Moderne. Medien zur Repräsentation und Konstruktion von Räumen*, München 2005, S. 197–228.
Jan Wilm, »Photograph of a Moment. A Conversation with Eileen Myles«, in: *Los Angeles Review of Books*, Nr. 27, S. 131–139.
Carl Wilson, *Let's Talk About Love. A Journey to the End of Taste*, New York 2011.
Felix Wittmer, »Rilkes Cornet«, in: *PMLA* 3 (1929), S. 911–924.
Frank Witzel, *Die Erfindung der Roten Armee Fraktion durch einen manisch-depressiven Teenager im Sommer 1969*, Berlin 2015.
Ders., *Inniger Schiffbruch*, Berlin 2020.
Rüdiger Zymner, »›Stimme(n)‹ als Text und Stimme(n) als Ereignis«, in: Andreas Blödorn u. a., *Stimme(n) im Text. Narratologische Positionsbestimmungen*, Berlin 2006, S. 321–348.

Hanna Engelmeier, geboren 1983 in Münster, ist wissenschaftliche Mitarbeiterin am kulturwissenschaftlichen Institut in Essen. Sie promovierte mit einer Arbeit über die deutsche Darwin-Rezeption. Ihre Texte erscheinen unter anderem in *Merkur. Deutsche Zeitschrift für europäisches Denken*, *Süddeutsche Zeitung* oder *Sprache im technischen Zeitalter*.

Erste Auflage Berlin 2021

MSB Matthes & Seitz Berlin Verlagsgesellschaft mbH
Göhrener Str. 7, 10437 Berlin
info@matthes-seitz-berlin.de

Umschlaggestaltung: Judith Schalansky, Berlin
Satz und Layout: Tom Mrazauskas, Berlin
Druck und Bindung: Pustet, Regensburg
ISBN 978-3-7518-0033-4

www.matthes-seitz-berlin.de